US NATIONALPARK GUIDE

Zion
Nationalpark

Wolfgang Förster

PLANEN.   REISEN.   ERLEBEN.

Bibliografische Information der Deutschen Nationalbibliothek:
Die Deutsche Nationalbibliothek verzeichnet diese Publikation in der Deutschen Nationalbibliografie; detaillierte bibliografische Daten sind im Internet über http://dnb.d-nb.de abrufbar.

© 2019 by Wolfgang Förster, Hennef - box21@online.de

Fotos: NPS, Barbara Russwurm, Wolfgang Förster

Herstellung und Verlag: BoD - Books on Demand, Norderstedt

ISBN 978-3-74815-939-1

Inhalt

Liebe Leser

Mit rund 4,5 Millionen Besuchern jährlich gehört der Zion Nationalpark zu den beliebtesten Parks in den USA. Gründe dafür sind sicherlich die zahlreichen Wanderwege, die Artenvielfalt der Tierwelt und die günstige Lage im Südwesten des Staates Utah. Die Attraktivität hat aber auch ihre Schattenseiten. In der Hochsaison sind Teile des Nationalparks oft regelrecht überlaufen. Da hilft nur ein Ausweichen in das nicht weniger schöne Hinterland. Hier findet der Besucher auch in der Hauptsaison Ruhe und Erholung.

**Viel Spaß im schönen Zion Nationalpark!
Ihr**

Wolfgang Förster

Die US National-
parks

Auf dem Hoheitsgebiet der Vereinigten Staaten von Amerika gibt es aktuell 60 staatliche Nationalparks. Sie werden von einer, dem US-Innenministerium unterstellten Behörde, dem National Park Service (NPS) betreut und verwaltet.

Ursprünglich stand der Naturschutzgedanke nicht im Vordergrund. Stattdessen sollten die Parks als Vergnügungsstätte zum Nutzen und zur Freude der Bevölkerung dienen. So steht es in der Gründungsurkunde des Yellowstone NP von 1872 wie folgt beschrieben: „As a public park or pleasuring ground for the benefit and enjoyment of the people". Erst Jahre später setzte sich dann auch der Gedanke an den Naturschutz und an die Bildung der Bevölkerung durch. Heute hat die Natur, die Flora und Fauna, absolute Priorität. Zur Information und Aufklärung der Besucher wurden attraktive Visitor Center, teilweise mit Museumscharakter, installiert.

Den NPS gibt es seit 1916. Mit einem aktuellen Jahresbudget von rund 3,2 Milliarden Dollar (2018) verwaltet diese Institution nicht nur die Nationalparks, sondern insgesamt 408 Einheiten im US Bundesbesitz mit kultureller, historischer oder landschaftlich herausragender Bedeutung (dazu gehören unter anderem auch die Freiheitsstatue in New York und das Mount Rushmore National Memorial in South Dakota).

Seit 1952 ist der „Arrowhead" das Logo des NPS und der Nationalparks. Der Sequoia-Baum und der weiße Bison stehen für Fauna und Flora der Schutzgebiete, die Bergkuppe und der See für die Landschaften. Die Pfeilspitzen-Form des Logos symbolisiert die Historie und die Archäologie.

Dieser enorme Aufwand ist jedoch nur möglich, weil die ca.27.000 festangestellten NPS-Mitarbeiter von rund 400.000 ehrenamtlichen Helfern (Volunteers) tatkräftig unterstützt werden. Da der jährliche Haushalt nur selten an die aktuellen Gegebenheiten angepasst wurde, muss derzeit in allen Bereichen massiv gespart werden.

Die Nationalparks verteilen sich über die komplette USA und bieten daher eine entsprechende Vielfalt. Vom Unterwasserpark in Florida bis zum ewigen Eis in Alaska, von der Mohave-Wüste bis zu den Sümpfen der Everglades - das Spektrum der Nationalparks deckt so ziemlich alles ab, was Mutter Natur zu bieten hat.

Ein großes Problem der Nationalparks ist ihre Attraktivität bzw. der Massentourismus. Die jährlichen Besucherzahlen der beliebtesten Parks

sind gigantisch. So werden im Great Smoky Mountains NP über 11 Millionen Besucher per Anno gezählt. Jahr für Jahr fahren bis zu sechs Millionen Touristen zum Grand Canyon NP. Und das enge Haupttal des Yosemite Nationalparks in Kalifornien wollten im Jahre 2016 fast 4,3 Millionen Menschen besuchen. Hier ist die Situation besonders prekär: Am 4. Juli (Nationalfeiertag) oder an verschiedenen Wochenenden in den Sommerferien mussten die Zufahrtsstraßen schon mehrfach wegen starkem Besucherandrang geschlossen werden. Im Zion NP in Utah hat man bereits die Konsequenzen gezogen. Der fast 10 km lange Zion Canyon Scenic Drive ist von März bis Oktober für den öffentlichen Straßenverkehr gesperrt. Stattdessen bringen kostenlose Shuttle-Busse die Besucher zu den touristischen Attraktionen und Wanderwegen entlang des Virgin Rivers.

Für jeden, der mehrere Nationalparks besuchen möchte, lohnt sich der Erwerb des Nationalpark Passes (Annual Pass). Das scheckkartengroße Dokument kann in allen NPS Visitor Centern oder an den Parkeingängen, aber auch

schon vorab online erworben werden. Er kostet derzeit 80 $, ist vom Kauftag an für ein ganzes Jahr gültig und garantiert seinem Besitzer sowie drei Mitfahrern im PKW/Wohnmobil freien Eintritt in fast allen Parks und Einrichtungen des
- NPS National Park Service
  (www.nps.gov)
- USDA Forest Service
  (www.fs.fed.us)
- USFWS Fish & Wildlife Service
  (www.fws.gov)
- BLM Bureau of Land Management
  (www.blm.gov)
- Bureau of Reclamation
  (www.usbr.gov)
Für Kinder ist der Eintritt frei.

Im Internet kann der Annual Pass unter *www.store.usgs.gov/pass/index.html* bestellt werden. Die Gültigkeitsdauer beginnt jedoch immer mit dem Ausstellungsdatum.

Info:
National Park Foundation
1101 17th St NW
Washington, DC 20036
Tel. 202-785-4500

Ein erster Überblick
Zion Nationalpark

Mit einer Größe von knapp unter 600 qkm liegt der Zion Nationalpark, auf die Fläche bezogen, nur im Mittelfeld der insgesamt 60 US Nationalparks. Geht man aber von den Besucherzahlen aus, dann hat sich der beliebte Park 2017 mit 4,5 Millionen Touristen auf dem dritten Platz hinter dem Great Smokey Mountains (11,3 Millionen) und Grand Canyon Nationalpark (6,2 Millionen) etabliert.

Das tief im Südwesten des Bundesstaates Utah, etwa an der Stelle, an der Colorado Plateau, Great Basin und Mojave Wüste aufeinandertreffen, liegende Schutzgebiet bekam am 19. November 1919 den Nationalpark-Status zugesprochen. Schon vorher, seit 1909, war das Kerngebiet als Mukuntuweap National Monument geschützt.

Als Durchgangsstraße quert die Utah State Route 9, auch Zion-Mount Carmel Highway genannt, den Park von Springdale bis zum östlichen Parkausgang. Die Straße ist normalerweise ganzjährig geöffnet und befahrbar. In der Hochsaison für private Fahrzeuge gesperrt ist dagegen der Zion Canyon Scenic Drive, der zu den Sehenswürdigkeiten des Zion Canyons führt. Seit dem Jahre 2000 setzt die Parkverwaltung in diesem Bereich aber kostenlose Shuttlebusse ein, die die Besucher vom Visitor Center aus über acht Haltestellen zu den touristischen Highlights entlang des Zion Canyon Scenic Drive fahren.

Die im Park lebenden Wildtiere tragen viel zur Attraktivität des Zion Nationalparks bei. Bis zu 291 Vogelarten, 68 verschiedene Säugetiere, vom drolligen Chipmunk bis zum mächtigen Maultierhirsch (darunter auch 19 Fledermausarten) und 37 Reptilien- und Amphibienarten sind in den vier Le-

benszonen des Parks heimisch, aber wegen der starken Sommerhitze oft hauptsächlich in der Nacht aktiv. Wildtiere zu füttern verstößt gegen die US Gesetze und kann verheerende Folgen haben, die sogar bis zum qualvollen Tod des jeweiligen Tieres führen können.

Zion Nationalpark Telefonnummern	
Allgemeine Info Zion Nationalpark	435-772-3256
Anmeldung für Tunneldurchfahrt	435-772-3256
Backcountry Wandern & Camping	435-772-0170
Campingplatz Reservierungen	877-444-6777
Kolob Canyons Visitor Center	425-586-9548
Zion Human History Museum	435-772-0146
Notfälle	911 oder 435-772-3322
Zion Lodge	435-772-7700
Zion Lodge Reservierung	303-297-2757
Springdale Visitor Center	435-429-1555

Die Besucher strömen nicht zuletzt wegen der spektakulären und nicht immer ganz ungefährlichen Wanderungen in den Park, wie zum Beispiel auf die Plattform von Angels Landing mit der atemeraubenden Aussicht auf den Zion Canyon, durch die einmaligen Narrows des Virgin River oder zur pittoresken Subway im Hinterland. 240 km angelegte Wanderwege aller Schwierigkeitsgrade durchziehen den beliebten Nationalpark. Die Trailheads im vom Virgin River durchflossenen Zion Canyon werden von den kostenlosen Shuttlebussen der Parkverwaltung angefahren.

Für Touren ins Hinterland von Zion - sogar auch für Kurztouren - ist eine

gründliche Vorausplanung angesagt. Das Wetter im Sommer ist meist heiß und trocken, der Winter kann eiskalt sein. Die engen Canyons sind überflutungsgefährdet, wobei dies blitzartig auftreten kann. Bei vielen Wanderwegen muss man durch Wasser waten. Eine gute Planung ist eine wichtige Voraussetzung für jede gelungene Wanderung. Die Ranger in den Besucherzentren von Kolob Canyons und Zion Canyon stehen den Touristen mit Rat und Tat zur Seite.

Die neueste Attraktion im Park sind Hochzeitszeremonien. Die Verwaltung preist sie wie folgt an: „Zion ist eine Verbindung von Licht und Stein, Wüste und Wasser, antik und zeitgenössisch. Die Gelassenheit des Parks wirkt sich auf alle aus, die sich die Zeit nehmen, das Wunder der Natur zu erleben.

Eintrittspreise Zion Nationalpark

Private Kfz inkl. Insass.	$35,00
Motorrad	$30,00
Fußgänger, Radfahrer	$20,00

Die Tickets haben für jeweils sieben Tage Gültigkeit und können auch unter www.pay.gov erworben werden.

Zion Nationalpark

1 Zion Park Blvd. / State Route 9
Springdale, UT 84767
Tel. 435-772-3256
zion_park_information@nps.gov
www.nps.gov/zion

Hochzeiten im Zion Nationalpark sind Zeremonien, die inmitten der natürlichen Schönheit einer der Juwelen unserer Nation stattfinden. Naturliebhaber entscheiden sich für diesen Ort, weil sie von der Pracht und der natürlichen Stille dieser majestätischen Landschaft angezogen werden." Für die Feierlichkeiten wurden eigens sechs spezielle Locations mit Platz für 10 bis 100 Gäste eingerichtet. Informationen und Anmeldung über die Parkverwaltung oder über die folgende E-Mailadresse: zion_commercialservices@nps.gov

Reise-Empfehlung

An folgenden US-amerikanischen Feiertagen sollte man die beliebten Nationalparks eher meiden:
- **Spring Break / Ostern** (Ende März/ Anfang April)
- **Memorial Day** (letzter Montag im Mai)
- **Independence Day** (4. Juli)
- **Labor Day** (Erster Montag im September)
- **Veterans Day** (11. November)
- **Thanksgiving Day** (Vierter Donnerstag im November).

Die Zufahrtsstraßen sind an diesen Tagen oft überfüllt, es bilden sich lange Schlangen am Eingang und auch die Parkplätze innerhalb der Nationalparks sind dem Ansturm nicht gewachsen.

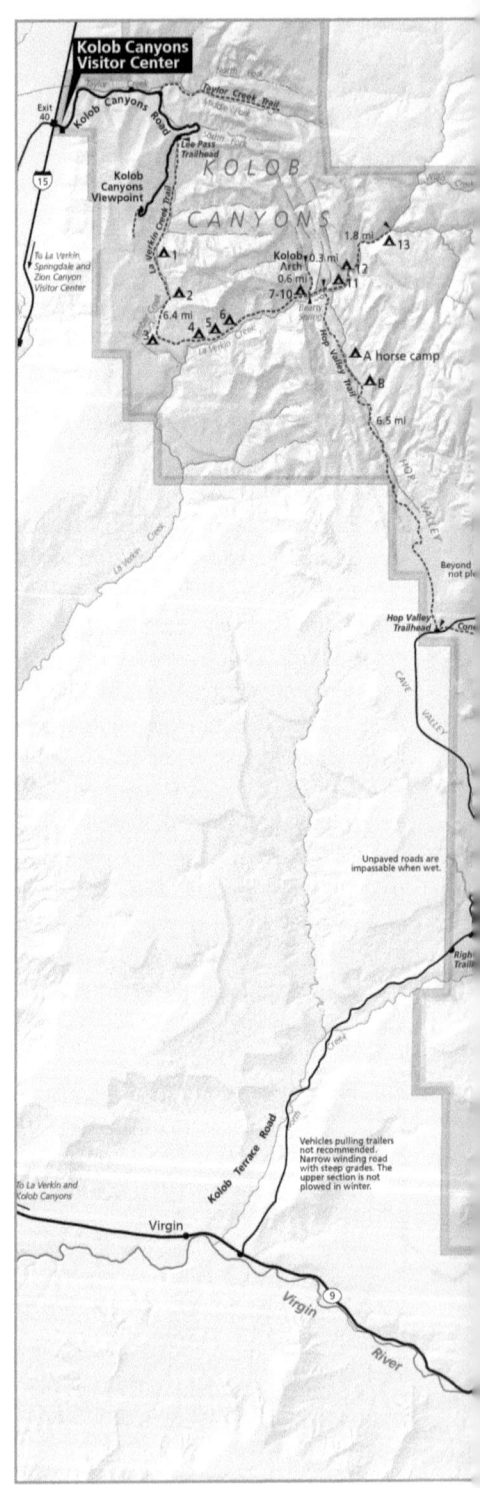

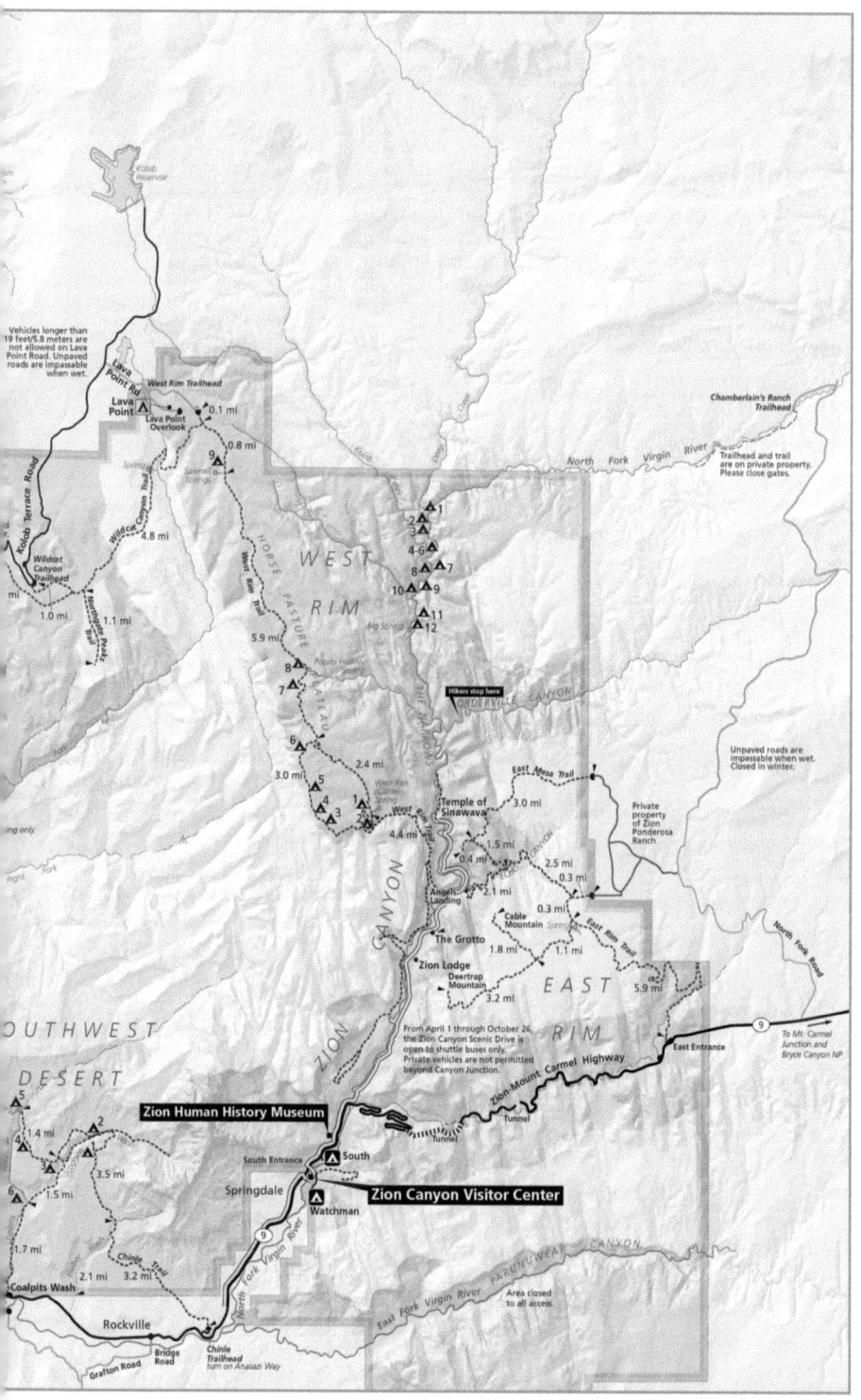

Kolob Reservoir

Vehicles longer than 19 feet/5.8 meters are not allowed on Lava Point Road. Unpaved roads are impassable when wet.

Lava Point Rd

West Rim Trailhead

Lava Point

Lava Point Overlook

0.1 mi

0.8 mi

9

Sawmill Springs

Spring

Chamberlain's Ranch Trailhead

North Fork Virgin River

Trailhead and trail are on private property. Please close gates.

Kolob Creek

Kolob Terrace Road

Wildcat Canyon Trail

4.8 mi

Wildcat Canyon Trailhead

1.0 mi

Hop Valley Trail

1.1 mi

W E S T

R I M

HORSE PASTURE PLATEAU

West Rim Trail

1

2
3

4-6

8 7

10 9

11

12

Big Spring

5.9 mi

8

7

6

5.9 mi

Kolob Huerta

THE NARROWS

ORDERVILLE CANYON

Hikers stop here

Unpaved roads are impassable when wet. Closed in winter.

6

5

3.0 mi

2.4 mi

West Rim Spring

3   1
2

4.4 mi

West Rim Trail

Temple of Sinawava

East Mesa Trail

3.0 mi

Private property of Zion Ponderosa Ranch

1.5 mi

0.4 mi

2.5 mi

0.3 mi

2.1 mi

Angels Landing

0.3 mi

Cable Mountain

Spring

East Rim Trail

1.8 mi

1.1 mi

The Grotto

Zion Lodge

Deertrap Mountain

3.2 mi

E A S T

R I M

5.9 mi

North Fork Road

From April 1 through October 26, the Zion Canyon Scenic Drive is open to shuttle buses only. Private vehicles are not permitted beyond Canyon Junction.

9   To Mt. Carmel Junction and Bryce Canyon NP

East Entrance

Zion-Mount Carmel Highway

Tunnel

Tunnel

S O U T H W E S T

D E S E R T

5

1.4 mi

2

3.5 mi

6

1.5 mi

1.7 mi

2.1 mi   3.2 mi

Chinle Trail

Coalpits Wash

ZION CANYON

Zion Human History Museum

South Entrance

South

Springdale

Watchman

Zion Canyon Visitor Center

9

North Fork Virgin River

PARUNUWEAP CANYON

East Fork Virgin River

Area closed to all access.

Rockville

Bridge Road

Chinle Trailhead turn on Anasazi Way

Grafton Road

Zion NP in Zahlen

5,6 km lang ist der asphaltierte, rollstuhlgeeignete Pa'rus Trail im NP

8 Parkbesucher stürzten bisher bei Angels Landing in den Tod

14 % der Parkbesucher campen inner- oder außrhalb des Parks

15 Wanderfalken-Paare brüten durchschnittlich jährlich im Parkgebiet

16 Meilen lang sind die Narrows, die Schlucht des Virgin Rivers

19 Fledermausarten leben im Zion

24 km beträgt die Länge des erschlossenen Zion Canyons

46⁰ C wurden an heißen Sommertagen im Park gemessen

68 Säugetierarten wurden im Zion gezählt

89,6 Meter beträgt die Spannweite des mächtigen Kolob Arch

100 $ kostet die Genehmigung um im Zion NP zu heiraten

240 km ausgewiesene Wanderwege erschließen den Nationalpark

291 Vogelarten leben im Zion Nationalpark

579 qkm ist der Zion Nationalpark groß

1.763 Meter hooh liegt der Aussichtspunkt von Angels Landing

2.660 m hoch ist der Horse Ranch Mountain, der höchste Berg im Zion

25.470 Backcountry Übernachtungspermits wurden 2017 ausgegeben

4.504.812 Touristen besuchten den Zion Nationalpark in 2017

170.000.000 Jahre soll der Sandstein im Zion NP alt sein

Anreise

Der Zion Nationalpark liegt im Südwesten Utahs an der State Route 9 in der Nähe von Springdale.

Mit dem Auto erreicht man den Park von **Las Vegas** (260 km) über den Interstate 15 Nord. Bei der Ausfahrt 16 verlässt man den I 15 und fährt auf State Route 9 East über La Verkin nach Springdale. Die State Route 9 führt direkt in den Zion National Park, das Visitor Center liegt auf der rechten Seite.

Von **Salt Lake City** (495 km) bzw. **Cedar City** (95 km) fährt man auf dem Interstate 15 Süd den man über die Ausfahrt 27 verlässt. Nun geht es weiter auf der State Route 17 South bis La Verkin. Hier biegt man auf die State Route 9 East in Richtung Springdale/ Zion National Park ab.

Zion NP Entfernungen	
St. George UT	65 km
Kanab UT	70 km
Cedar City UT	95 km
Bryce Canyon NP	136 km
Grand Canyon North Rim	180 km
Page AZ	190 km
Las Vegas NV	260 km
Capitol Reef NP	300 km
Salt Lake City UT	495 km
Moab UT	550 km
Los Angeles CA	690 km

Die Anfahrt von **Page** (190 km) bzw. **Kanab** (70 km) in den Nationalpark führt über die US Route 89 Nord. In Mount Carmel Junction biegt man nach links auf State Route 9 West ab, die den Zion Nationalpark durchquert.

Vom **Bryce Canyon Nationalpark** (136 km) erreicht man den Zion NP über die State Route 12 West. Dort, wo diese an der US Route 89 South endet, biegt man nach links ab und folgt der

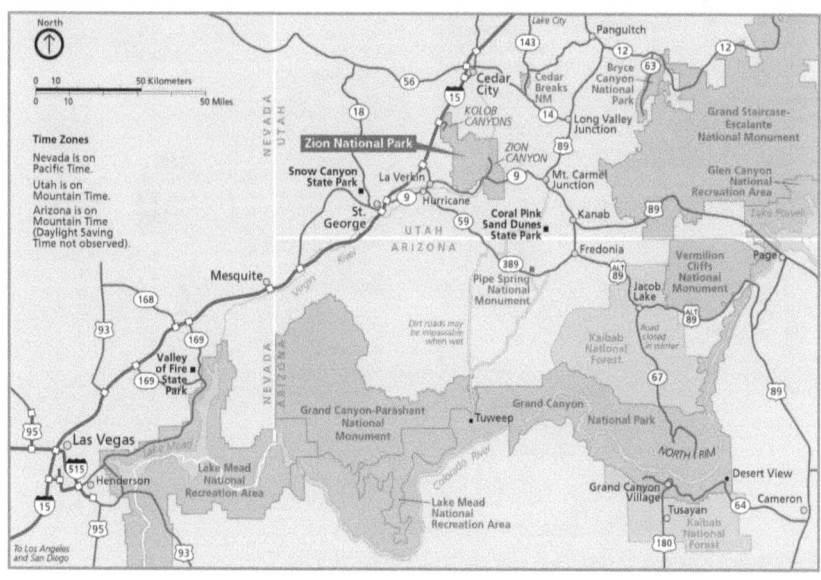

89 S bis Mt. Carmel Junction. Hier fährt man nach rechts auf die State Route 9 West, die direkt in den Zion Nationalpark führt.

180 km sind es von der **North Rim des Grand Canyon Nationalpark** bis zum Zion NP. Nachdem man auf der State Route 67 North bis Jacob Lake gefahren ist, biegt man dort nach links auf die US Route 89A North ab. Dieser folgt man, durch Kanab, bis Mount Carmel Junction. Von hier führt die State Route 9 West direkt in den Zion National Park.

Mit dem Flugzeug erreicht man den Zion Nationalpark über die internationalen Flughäfen von
- Las Vegas, Nevada (260 km)
- Salt Lake City, Utah (495 km)
oder über die regionalen Flughäfen von
- Saint George, Utah (65 km)
- Cedar City, Utah (95 km)

Der Zion - Mount Carmel Tunnel

Am östlichen Zugang zum Zion Nationalpark ist der Zion - Mt. Carmel Tunnel für größere Fahrzeuge eine lästige Engstelle. Für Fahrzeuge, die höher als 3,4 oder breiter als 2,4 Meter sind, wird der Tunnel jeweils in der Gegenrichtung gesperrt. Die Wohnmobile oder Busse können dan über beide Spuren hinweg in der Mitte des Tunnels fahren, wo eine entsprechende Höhe vorhanden ist.

Die Planungen für den Bau des fast 1,8 km langen Tunnels begannen in den 1920er Jahren. Zu seiner Einweihung am 4. Juli 1930 war der Zion-Mt. Carmel Tunnel der längste seiner Art in den USA. Mit dem Tunnel (und dem Zion-Mount Carmel Highway) sollte der direkte Zugang zum Bryce Canyon und Grand Canyon vom Zion National Park geschaffen werden. Wegen dem wei-

Der östliche Eingang des Zion - Mount Carmel Tunnels.

chen Sandstein, durch den der Tunnel verläuft, musste er immer wieder ausgebessert und verstärkt werden. Bei einem Einsturz, westlich der Galerie #3 im Jahr 1958, brachen mehrere Tonnen von Gestein aus dem Fels und blockierten den Tunnel für mehrere Wochen. Heute geben Betonverstrebungen über die gesamte Länge des Tunnels dem Sandstein zusätzlichen Halt. Trotzdem wird der Tunnel vierundzwanzig Stunden am Tag noch zusätzlich elektronisch überwacht, um bei einem neuen Einsturz rechtzeitig reagieren zu können.

Früher waren große Fahrzeuge, wie z.B. Reisebusse, Reisemobile und Fahrzeuge mit Anhänger verstärkt an Unfällen und Beinaheunfällen im Tunnel beteiligt. Daher sperren seit 1989 NPS-Ranger, die an beiden Enden des Tunnels postiert sind, die Durchfahrt für eine Richtung, wenn aus der entgegengesetzten Richtung ein großes Fahrzeug kommt. Der Tunnel wird quasi für die kurze Zeit der Durchfahrt zur Einbahnstraße. Das ist nichts Besonderes - allein im Jahr 2011 fuhren 27.874 übergroße Fahrzeuge durch den Tunnel. Für diesen Service, der eine sichere Durchfahrt auch für Fahrzeuge ermöglicht, die wegen ihrer Höhe nicht

am Straßenrand fahren können, werden Tunnelgebühren von 15 $ erhoben. Das erworbene Permit gilt für zwei Durchfahrten mit dem gleichen Fahrzeug innerhalb von sieben Tagen nach dem Kauf. Die Gebühr zahlt man im Allgemeinen, zusätzlich zur Nationalparkgebühr, bei der Einfahrt in den Park.

> **Max. Tunnel-Durchfahrtsmaße**
> (ohne Permit)
> Fahrzeughöhe: 11' 4" od. 3,4 m
> Fahrzeugbreite: 7' 10" od. 2,4 m
> Für alles, was höher oder breiter ist, muss der Tunnel einseitig gesperrt werden.

Große Fahrzeuge dürfen täglich nur zu bestimmten, saisonabhängigen Zeiten durch den Tunnel fahren:
5.3. bis 11.3. von 8.00 bis 18.00 Uhr
12.3. bis 29.4. von 8.00 bis 19.00 Uhr
30.4. bis 2.9. von 8.00 bis 20.00 Uhr
3.9. bis 27.9. von 8.00 bis 19.00 Uhr
28.9. bis 1.11 von 8.00 bis 18.00 Uhr
In den restlichen Wintermonaten sind die Durchfahrtszeiten für übergroße Fahrzeuge von 8.00 Uhr bis 16.30 Uhr beschränkt.

Die Tunneldurchfahrt selbst ist simpel. Man fährt bis zu dem Rangerhäuschen an der jeweiligen Tunneleinfahrt und meldet sich an. Der Ranger kontaktiert über Funk seinen Kollegen auf der anderen Seite des Tunnels. Dieser gibt dem letzten durchfahrenden Fahrzeug eine rote Fahne mit und sperrt dann die Einfahrt. Hat dieses Fahrzeug die Ausfahrt passiert, kann man sicher sein, dass der Tunnel frei ist und einer sicheren Durchfahrt ohne Gegenverkehr nichts im Wege steht.

Das Wetter im Park
Alles ist möglich

Der Zion Nationalpark ist für eine Vielzahl von verschiedenen Wetterbedingungen bekannt. Die täglichen Temperaturen im Park können je nach Höhenmetern und Tageszeit extrem variieren. Auch der Unterschied zwischen Tag und Nachttemperatur kann enorm sein. Es wurden schon Differenzen von 17°C aufgezeichnet. Der Wanderer/Besucher sollte sich auf alle Möglichkeiten vorbereiten.

Frühling

Im Frühjahr ist nasses Wetter nicht ungewöhnlich, aber auch warmes, sonniges Wetter ist typisch. Das Thermometer überschreitet nur selten die 32° C. In den Morgen- und Abendstunden kann es jedoch empfindlich frisch sein. Die stärksten Niederschläge sind im März zu erwarten. Dadurch und auch wegen der Schneeschmelze in den Bergen kann der Pegel des Virgin River dann bis in den Mai hinein extrem steigen. Zahlreiche Wildblumen blühen von April bis Juni.

Sommer

Im Sommer übersteigen die Temperaturen im Zion Nationalpark oft die 38° -

Monatliche Klimawerte

	Höchste ØTemperatur	Niedrigste ØTemperatur	Höchste Temperatur	Niedrigste Temperatur	Anzahl der Regentage	Anzahl der Unwetter
Jan.	11° C	-1,6° C	21,6° C	-18,8° C	7	0
Feb.	14° C	-0,5° C	25,5° C	-15,5° C	7	0
März	17° C	2,2° C	30° C	-11,1° C	8	0
April	23° C	6,1° C	34,4° C	-5° C	6	1
Mai	28° C	11,1° C	38,8° C	-5,5° C	5	4
Juni	34° C	15,5° C	45,5° C	4,4° C	3	5
Juli	38° C	20° C	46,1° C	10,5° C	5	14
Aug.	36° C	18,8° C	43,8° C	10° C	6	15
Sep.	33° C	15,5° C	43,3° C	0,5° C	4	5
Okt.	26° C	9,4° C	36,1° C	-5° C	4	2
Nov.	17° C	2,7° C	28,3° C	-10,5° C	5	0
Dez.	12° C	-1,1° C	21,6° C	-14° C	6	0

Grenze. Selbst auf den Berggipfeln wurden Temperaturen von mehr als 32° C gemessen. Von Mitte Juli bis in den September erlebt Zion fast täglich einen Monsunregen, der zu einem erhöhten Risiko von Sturzfluten führen kann.

Herbst

Im Herbst wird die Hitze des Sommers durch kühlere Temperaturen und trockeneres Wetter abgelöst. Es ist die ideale Zeit, den Zion Nationalpark zu erkunden. Entlang des Virgin River werden die Pappeln goldgelb und dieAhornbäume horne verleihen den Canyons und Trails scharlachrote Farbtupfer. Auch wenn nun meist günstige Bedingungen für den Wanderer vorherrschen, sollte man sich trotzdem vor dem Start im Visitor Center nach den aktuellen Gegebenheiten erkunden.

Winter

Die Winter im Zion National Park sind kalt und oft auch nass. Die Temperaturen können von 10-15° C während des Tages bis weit unter den Gefrierpunkt in der Nacht reichen. Fast die Hälfte des jährlichen Niederschlags im Zion Canyon fällt in den Monaten Dezember bis März. Die Straßen sind meist vom Schnee geräumt, aber Wege können wegen Schnee und Eis geschlossen sein. Nach Winterstürmen verschwindet der Schnee in den niedrigen Lagen oft innerhalb weniger Stunden. Wenn die Temperaturen im Frühling steigen, verursacht schmelzender Schnee hohe Wasserstände im Virgin River und seinen Nebenflüssen.

Flash Flood

Sturzfluten oder auch Flash Floods, die oft durch meilenweit entfernte Unwetter verursacht werden, sind eine echte Gefahr und können lebensbedrohlich sein. Während einer solchen Sturzflut kann der Wasserstand eines Flusses/Baches innerhalb von Minuten oder gar Sekunden dramatisch ansteigen. Eine drei bis vier Meter hohe Wasserwand wird in einer engen Schlucht, wie zum Beispiel in „The Narrows", alles (Personen, Baumstämme, lose Felsen usw.) mit sich reißen.

Fast jedes Jahr kommen in den USA Menschen durch Flash Floods zu Tode. Deshalb sollte sich jeder Wanderer vor Beginn einer Wanderung die durch enge Schluchten führt, über das Wetter und das Hochwasserpotenzial erkundigen. Auch wenn es sich um trockene Slot Canyons oder Washes handelt.

Hinweise auf eine Sturzflut:
• Verschlechterung des Wetters
• starke Wolkenbildung o. Gewitter
• Plötzliche Veränderungen des Wassers von klar zu schlammig
• Schwimmender Schmutz
• Steigende Wasserstände oder stärkere Strömungen
• extremes Wassergeräusch
Spätestens dann sollte man den Canyon/Wash fluchtartig verlassen.

Merksatz: Wenn schlechtes Wetter droht, enge Schluchten meiden.

Zion Erdgeschichte
Lang,
lang ist's her...

Der Zion Nationalpark liegt am Rande einer Region, die als Colorado Plateau bekannt ist. Die meisten Gesteine im Nationalpark sind Sedimentgesteine, die aus Ablagerungen entstanden, die sich am Boden oder am Ufer von Gewässern sammelten. Im Laufe der Zeit wirkten die Minerale im Wasser als eine Art Zementierungsmittel und machten aus diesen Ablagerungen unter gewaltigem Druck zu mehr oder weniger festem Gestein. Uralter Meeresboden wurde zu Kalkstein, aus Lehm und Ton bildete sich Tonsteine und Schiefer und Wüstensand verfestigte sich zu Sandstein. Jede Schicht stammt aus einer bestimmten Quelle und unterscheidet sich daher in Dicke, Mineralgehalt, Farbe und erodiertem Aussehen.

Vor Millionen von Jahren lagen Zion und das Colorado-Plateau nahe dem Meeresspiegel und befanden sich sogar an einer anderen Stelle auf dem Globus - in der Nähe des Äquators. Die Gesteinsschichten, die wir heute in Zion sehen, wurden vor etwa 270 bis 110 Millionen Jahren abgelagert. In der jüngeren geologischen Zeit bewegte sich dann die Erde. In einem Gebiet von Zion bis zu den Rocky Mountains drängten Kräfte aus dem Inneren der Erde an die Oberfläche hoch. Dies war keine chaotische Anhebung, sondern eher ein sehr langsames vertikales

Heben riesiger Blöcke der Erdkruste. Daher liegt das Gebiet des heutigen Nationalparks von knapp über Meereshöhe bis fast auf 3.000 Metern über dem Meeresspiegel. Die nachfolgende Erosion formte die aktuelle Landschaft des Zion Nationalparks mit ihren vielfältigen Gesteinsschichten:

● **Carmel-Formation**
(vor 170-165 Millionen Jahren)
Die Carmel-Formation besteht aus Kalkstein, der Meeresfossilien enthält, sowie aus Ton, Sandstein und Gips, die in einem relativ flachen Gewässer abgelagert wurden. Nur der untere Teil der Carmel Formation blieb in Zion erhalten, der Rest fiel der Erosion zum Opfer. Im eigentlichen Zion Canyon ist die Gesteinsschicht nicht zu sehen, dafür aber in der Nähe des östlichen Parkeingangs und sowohl im Verlauf der East Rim und West Rim Trails. Fossiliensammler können in der Carmel-Formation vor allem auf versteinerte Muscheln und Schnecken stoßen

● **Tempel Cap Formation**
(vor 175-170 Millionen Jahren)
Die Temple Cap Formation in Zion besteht aus einer Sandsteinschicht, die während des Eindringens eines flachen Binnenmeeres aus Sanddünen und Watt geformt wurde. Man findet die versteinerten Überreste der alten Sanddünen entlang des East Rim Trail. Auch auf dem West Rim Trail kann man die schmalen Tempel Cap Ablagerungen über dem mächtigen Navajo Sandstein entdecken. Fossiles Material aus der Temple Cap Formation ist im Zion Nationalpark nicht bekannt.

● **Navajo Sandstone (vor 185-180 Millionen Jahren)**

Im frühen Jura herrschte auf dem Colorado Plateaus ein extrem trockenes Klima, das Wüstenbedingungen in einer weiten Region schuf. Der Navajo Sandstone besteht aus dicken Schichten von Sandstein, die sich aus den Sanddünen dieser alten Wüstenlandschaft bildeten. Die diagonalen Muster im Navajo-Sandstein werden Cross-Beds genannt. Diese Schrägschichtungen können sowohl durch Wasser als auch durch Wind hervorgerufen werden. Auf der dem Wind bzw. dem Wasser abgewandten Seite (Lee) sind die Cross-Beds immer steiler ausgebildet als auf der Luv-Seite.

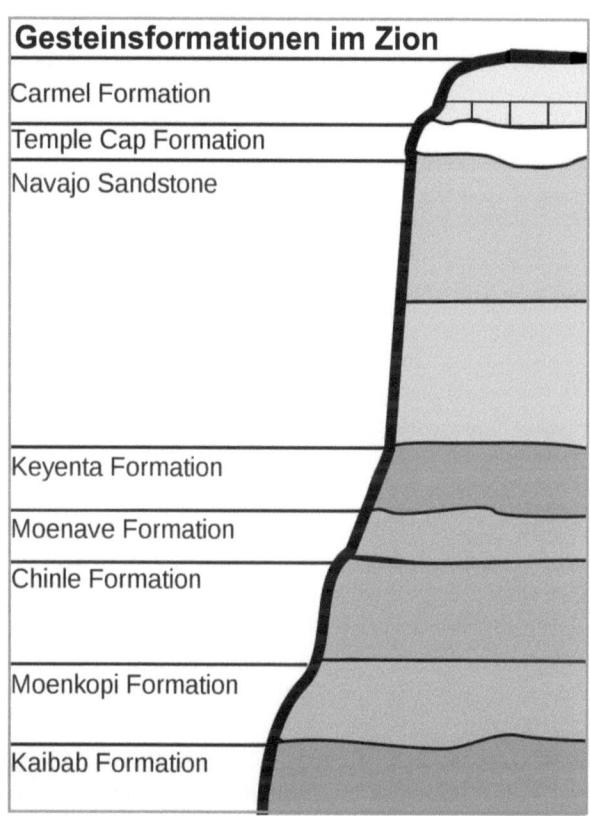

Gesteinsformationen im Zion

Carmel Formation

Temple Cap Formation

Navajo Sandstone

Keyenta Formation

Moenave Formation

Chinle Formation

Moenkopi Formation

Kaibab Formation

● **Kayenta Formation (vor 195-185 Millionen Jahren)**
Die Kayenta-Formation besteht aus Schichten von rotbraunem und rosafarbenem Sandstein und vielfarbigem Schlamm- und Schluffstein, der im frühen Jura-Zeitalter in Flüssen und kleineren Seen abgelagert wurde. Die steilen, rotbraunen Abhänge unterhalb der riesigen Klippen sind im unteren Zion Canyon und in den Kolob Canyons gut erkennbar. Zur Kayenta Formation gehört auch der Springdale Sandstein, der im unteren Zion Canyon als rötliche Felswand die Moenave-Schicht vom Rest der Kayenta-Formation trennt. Hier ist die Erosion noch im vollen Gange. Immer wieder brechen Stücke des Springdale Sandsteins ab und haben sogar schon Gebäude und Straßen beschädigt.

● **Moenave Formation (vor 210-195 Millionen Jahren)**
Die Moenave-Formation ist im unteren Zion Canyon als steiler, leicht erodierter, rötlicher Abhang sichtbar, der zum Felsenband des Springdale Sandsteins (Kayenta Formation) führt. Auch entlang des Kolob Canyons Scenic Drive ist die Moenave Formation gut definier-

bar. Sie besteht aus dünnen Schichten von rotbraunem Sandstein, Schluffstein und vielfarbigem Ton, der in Bächen, Auen und Seen abgelagert wurde. Dinosaurier, die vor tausenden Jahren an diesen Gewässern lebten, haben in den schlammigen Sedimenten ihre Fußabdrücke hinterlassen, die noch heute in den Felsen sichtbar sind. Außergewöhnliche Dinosaurierspuren finden sich in der Moenave Formation um St. George, Utah und können in der Dinosaur Discovery Site der Johnson Farm besichtigt werden.

● **Chinle Formation**
(vor etwa 225-210 Millionen Jahren)
Die Chinle Formation findet man im Zion National Park in den Kolob Canyons und im südwestlichen Teil des Parks, in der Nähe des Chinle Trails. Sie besteht aus Ton, Schluffstein, Sandstein und einem Schotter-Konglomerat. Die Schichten des bunten Tonsteines bestehen zum größten Teil aus porösem Bentonit, dem Ergebnis der Verwitterung von Vulkanasche. Auf Bentonit wachsen kaum Pflanzen, sodass es meist lila, rotes oder graues Ödland bleibt. Im oberen Teil des Chinle findet man immer wieder Teile von versteinertem Wald.

● **Moenkopi Formation**
(ca. 250-240 Millionen Jahre alt)
Die Moenkopi-Formation besteht aus dünnen Schichten von rotbraunem Schlammstein, Sandstein und Schluff, die auf breiten Wattflächen an den Ufern langsam fließender Flüsse abgelagert wurden. Viele Sandstein- und Tonsteinschichten des Moenkopi enthalten Riefen, Anzeichen von Wasser und Wellen, die diese Sedimente bewegen. Sichtbar ist die Formation nahe dem Eingang zum Kolob Canyon Scenic Drive und im südwestlichen Teil des Parks in der Nähe von Rockville und westlich des Chinle Trail. Bis zu 300 Meter dicke Moenkopi Schichten sind entlang der State Route 9 zu sehen, wenn man sich dem Park aus dem Süden nähert.

● **Kaibab Formation**
(vor 270 Millionen Jahren)
Die Kaibab-Formation ist die unterste sichtbare Gesteinsschicht im Zion und nur in einem kleinen Bereich der Kolob Canyons zu sehen und zwar an der Hurricane Fault südlich von Kolob entlang der I-15 und südlich des Parks in der Virgin River Schlucht. Kaibab besteht aus maritimen Kalkstein und Schluff, der in einem flachen tropischen Meer abgelagert wurde. Im Gestein konnten die Forscher Fossilien von Brachiopoden (ähnlich der Venusmuschel), Ammoniten (geschälte Kopffüßer, die dem Nautilus ähneln), Bryozoen (Korallenähnliche Organismen), Crinoiden (Haarsterne) und Trilobiten ausmachen. Am Grand Canyon bildet die Kaibab Formation das oberste und widerstandsfähige Kappengestein des Canyons. Im Zion ist es umgekehrt. Die ältesten, in Zion freigelegten Gesteine, sind die jüngsten Sedimentschichten am Grand Canyon.

Ein wenig Geschichte...
Wie war das noch?

Seit mindestens 6.000 v. Chr. leben Menschen auf dem Gebiet des heutigen Zion Nationalparks. Archäologen haben die Zeitspanne der Menschheitsgeschichte von damals bis heute in vier kulturelle Perioden unterteilt, die jeweils durch besondere technologische und soziale Anpassungen gekennzeichnet sind.

Während der archaischen Periode (ca. 6000 v. Chr. - 500 n. Chr.) jagten die Ureinwohnern Wild und sammelten Pflanzen, Samen und Nüsse im Gebiet zwischen Great Basin und dem westlichen Colorado Plateau. Sie hinterließen jedoch nur wenige Spuren ihrer Kultur. Gefunden wurden zum Beispiel Artefakte wie Körbe, Kordelnetze und Sandalen aus Yucca-Fasern. Dazu Werkzeuge wie Steinmesser, Bohrer und Pfeilspitzen für die Jagd.

Um etwa 300 v. Chr. begannen einige der hier lebenden Gruppen, die „wilde", d.h. die gesammelte oder gejagte Nahrung zu ergänzen, indem sie kleine Mais- und Kürbisfelder entlang von Flüssen und in der Nähe von Quellen anlegten. Sie wurden sesshaft. Archäologen haben diese Gruppen als "Korbmacher" bezeichnet, weil von ihnen eine Fülle von geflochtenen Körben gefunden wurden. Diese frühen Experimente mit dem Gartenbau verringerten die Gruppenmobilität und erhöhten den Bedarf an Lebensmittellagerung. An Korbmacherstandorte findet die Archäologen oft mit Gras- oder Steinen ausgekleidete Lagerstätten und flache, teilweise unterirdische Wohnungen, die sogenannten Pithouses.

Innerhalb weniger Jahrhunderte, der sogenannten „Formative Period" (500-1300 n. Chr.) hatte sich der landwirtschaftle Anbau der Native People stark intensiviert. In dieser Zeit lebten hier zwei unterschiedliche Gruppen, die Virgin Anasazi und die Parowan Fremont. Sie errichtete Wohnstätten mit Pithouses, Lagerräumen und später auch ein-

fache gemauerte Häuser. Von Forschern gefundene Mahlsteine (sogenannte "Manos and Metates") signalisieren die Bedeutung von Mais in der Ernährung beider Gruppen. Der sesshafte Lebensstil förderte die Produktion von einfachen und bemalten Keramikgefäßen. Diese wurden für die Lagerung und die Zubereitung von Lebensmitteln, aber auch als Handelsware verwendet.

Inwieweit die Virgin Anasazi weiterhin Wildpflanzen sammelten und Wildtiere jagten, ist noch unklar. Einige Forscher vermuten, dass sie sich fast vollständig von kultivierten Lebensmittel ernährten. Im Gegensatz dazu ist bewiesen, dass die Parowan Fremont weiterhin ein breites Spektrum an wilden Ressourcen jagten und sammelten, um ihre kultivierten Nahrungsmittel zu ergänzen.

Virgin Anasazi-Standorte findet man typischerweise auf Flussterrassen entlang des Virgin River und seiner Hauptnebenflüsse. Hier, in den bewässerten und fruchtbaren Uferregionen konnten sie Mais, Kürbis und andere Feldfrüchte anbauen. Auch die Parowan Fremont siedelten entlang von Bachläufen und in der Nähe von Quellen. Sie kultivierten eine dürre- und kältetolerante Maisart (Fremont Dent), die auch in höheren Lagen erfolgreich angebaut werden konnte.

Sowohl die Virgin Anasazi als auch die Parowan Fremont verschwanden um 1300 aus dem südwestlichen Utah. Längere Dürreperioden im 11. und 12. Jahrhundert, durchsetzt mit katastrophalen Überschwemmungen, machten den Gartenbau in dieser trockenen Region unmöglich.

Die Zeitspanne zwischen 1300 und dem späten 1700 wurde von einigen Forschern als "neoarchaisch" beschrieben, da das Leben an frühere Zeiten erinnerte. Nun durchzogen Paiute und Ute Indianer die Zion Landschaft. Sie jagten Wildtiere und sammelten reife Früchte oder auch Nüsse. Diese mobile Lebensweise spiegelte sich in ihren materiellen Besitztümern wider, die aus Körben, Netzen und Schlingen sowie Pfeil und Bogen bestanden. Einige, besonders der Südliche Paiute, pflanzten zusätzlich Mais, Sonnenblumen und Kürbis auf Feldern an, um ihre gesammelten wilden Nahrungsmittel zu ergänzen. Diese sesshaften Gruppen fertigten braune Gefäße, die zum Aufbewahren und Kochen bestimmt waren.

Die historische Periode begann im späten 18. Jahrhundert mit der Erforschung und Besiedlung des südlichen Utah durch Euro-Amerikaner. Händler aus New Mexico kamen über den Old Spanish Trail, der entlang dem Virgin River verlief, in das Gebiet. Im Laufe des nächsten Jahrhunderts legten amerikanische Pelzjäger und staatliche

Vermessungsingenieure neue Wege durch die Region an. Im Jahr 1872 erforschte John Wesley Powell die Gebiete um den Zion Canyon im Rahmen von Expeditionen des US Geological Survey.

1847 dann führte Brigham Young die Mitglieder der Kirche Jesu Christi der Heiligen der Letzten Tage (Mormonen) ins Utah-Territorium und errichtete Siedlungen im Great Salt Lake Valley. Innerhalb des folgenden Jahrzehnts wurden mormonische Pioniere entsandt, um den südlichen Teil des Territoriums zu besiedeln und Baumwolle in Utahs "Dixie" anzubauen. Städte wie Shunesberg, Springdale, Grafton, Adventure und Paradise entstanden in den 1860er Jahren entlang des oberen Virgin River. Im Jahr 1863 baute Issac Behunin die erste Blockhütte im Zion Canyon in der Nähe der heutigen Zion Lodge. Bald war der Canyon mit anderen Gehöften übersät, darunter William Crawford in der Nähe von Oak Creek.

Wenig später mussten die Siedler um ihre Existenz und ums Überleben kämpfen. Katastrophale Überschwemmungen, wenig Ackerland und karge Böden machten die Landwirtschaft am oberen Virgin River zu einem riskanten Unterfangen. Einige dieser Siedlungen, einschließlich Shunesberg und Grafton, mussten schließlich aufgegeben werden.

Im ersten Jahrzehnt des 20. Jahrhunderts erkannte man die Natur des südlichen Utahs und insbesondere des Zion Canyon als potentielles Ziel für den Tourismus. Im Jahr 1909 ernannte

Das Civilian Conservation Corps

1933 brachte dramatische Veränderungen für die USA und damit auch für den Zion National Park. Die Große Depression prägte das Land mit einer Arbeitslosenquote von 25%. Viele Menschen kämpften täglich ums Überleben. Inmitten dieser Tragödie wurde vom neu gewählten Präsidenten Franklin Roosevelt ein Plan entwickelt, um den Menschen zu helfen und gleichzeitig die Infrastrukturen des Landes zu verbessern. Das Civilian Conservation Corps (CCC) wurde entwickelt, um junge, arbeitslose Männer im öffentlichen Bereich zu beschäftigen und ihnen Fähigkeiten zu vermitteln, die sie benötigen, um eine zukünftige Anstellung zu finden.

Neun Jahre arbeiteten die CCC-Männer auch im Zion Nationalpark, legten Wege an, schufen Parkplätze, bekämpften Brände und halfen beim Bau von Campingplätzen und Parkgebäuden.

Als Lohn für ihre Arbeit erhielten die Männer Essen, Unterkunft und Kleidung sowie 30 $ pro Monat. Davon behielten sie fünf Dollar und 25 Dollar wurden nach Hause zu ihren Familien geschickt. Nach heutigen Maßstäben ist das nur wenig Geld, aber ein Brot z.B. kostete 1933 auch nur fünf Cent. Abgesehen vom Lohn, war es für die Männer wichtig, wieder eine Aufgabe und eine Perspektive für die Zukunft zu haben.

ein präsidialer Erlass einen Teil des heutigen Nationalparks bereits zum Mukuntuweap (Zion) National Monument. Das neue Schutzgebiet war jedoch für Besucher praktisch unzugänglich, da die bestehenden Straßen in schlechtem Zustand waren und der nächstgelegene Bahnhof hundert Meilen entfernt war. Die in diesem Jahr gegründete Utah State Road Commission begann mit dem Bau eines staatlichen Highway-Systems, das den Zugang zur südlichen Region verbessern sollte. Staatsbeamte verhandelten auch mit der Union Pacific Railroad, um Eisenbahn- und Automobilverbindungen und Tourismuseinrichtungen im südlichen Utah zu entwickeln. Im Sommer 1917 war es dann so weit - erste Fahrzeug erreichten das Wylie Camp, ein Zelt-Camping-Resort, das als die erste Touristenunterkunft im Zion Canyon galt.

1919 ernannte der US-Kongress das bisherige National Monument zum Zion Nationalpark. Die Besucherzahl nahm in den 1920er Jahren stetig zu, besonders nachdem die Union Pacific eine Eisenbahnstrecke nach Cedar City ausgebaut hatte. Die Utah Parks Company, eine Tochtergesellschaft der Union Pacific, erwarb das Wylie Camp in Zion und bot zehntägige Erlebnisreisen nach Zion, Bryce, Kaibab und der North Rim des Grand Canyon an. Der Bau der Zion Lodge, die vom Architekten Gilbert Stanley Underwood in "Rustikalem Stil" entworfen wurde, begann Mitte der 1920er Jahre. Im Jahre 1930 erlaubte der neuerbaute Zion Mt. Carmel Highway den Autofahrern, durch

Zion nach Bryce zu reisen und weiter nach Osten zu reisen. Dieser Highway war damals eine der größten technischen Errungenschaften Utahs und erforderte den Bau eines 1710 Meter langen Tunnels, um die steilen Sandsteinklippen durchfahren zu können.

Die Besucherzahlen im Zion National Park haben im Laufe der Zeit weiter zugenommen, was den Bau von Wegen, Campingplätzen und anderen Einrichtungen erforderlich machte. Die wirtschaftlichen Vorteile des Tourismus unterstützen jetzt die kleinen Gemeinden rund um den Park und sichern ihr Überleben in der Zukunft.

Besucherzahlen Zion NP	
1919	1.814 Pers.
1925	16.817 Pers.
1930	55.297 Pers.
1936	124.090 Pers.
1941	192.805 Pers.
1947	273.953 Pers.
1955	406.800 Pers.
1960	575.800 Pers.
1965	763.600 Pers.
1970	903.600 Pers.
1975	1.055.200 Pers.
1980	1.123.846 Pers.
1985	1.503.272 Pers.
1990	2.102.400 Pers.
1995	2.430.162 Pers.
2000	2.432.348 Pers.
2005	2.586.665 Pers.
2010	2.665.972 Pers.
2015	3.648.846 Pers.
2016	4.295.127 Pers.
2017	4.504.812 Pers.

Ghosttown Grafton

Nicht nur für Cineasten ist ein Besuch von Grafton empfehlenswert. Die Überreste der 1859 gegründeten Mormonensiedlung liegen nur knapp 10 km vom
südlichen Eingang des Zion Nationalparks entfernt und sind ab Rockville über
die nicht asphaltierte Grafton Road gut zu erreichen - trockenes Wetter vor-
ausgesetzt. Das Städtchen, das zu seiner Blütezeit um 1900 knapp mehr als
100 Einwohner hatte, wurde nach mehreren Überschwemmungen aufgege-

ben. 1944 verließen die letzten Einwohner den Ort. Erhalten ist heute noch
die kleine Kirche, die auch als Schule und örtlicher Versammlungsraum genutzt wurde, ein Wohnhaus mit Veranda, einige Scheunen und der historisch
sehr interessante Friedhof. Falls jemanden die Szenerie bekannt vorkommt:
In Grafton wurde 1969 die Fahrradszene zum Film „Butch Cassidy and Sun-
dance Kid" aufgenommen. Paul Newmann fuhr hier zusammen mit Katharine
Ross auf der Lenkstange zum Song „Raindrops keep falling on my Head"
durch den Ort.

Die Visitor Center
Anlaufstellen

Bei jedem Besuch eines Nationalparks sollte das jeweilige Visitor Center erster Anlaufpunkt sein. Hier bekommt der Reisende Informationen aus erster Hand über dem Zustand der Straßen und Wanderwege, über aktuelle Veranstaltungen und natürlich über das lokale Wetter.

● **Zion Canyon Visitor Center**

Das Zion Canyon Visitor Center ist ganzjährig geöffnet und liegt in unmittelbarer Nähe des Südeingangs.

Das im Jahre 2000 fertiggestellte Gebäude weist eine Besonderheit auf: Es wurde als umweltfreundliches „Green Building" strikt unter ökologischen Aspekten konzipiert und gebaut. Wie bei einem Baum in seiner natürlichen Umgebung, sollen die Ressourcen konsequent genutzt, das Umfeld im ökologischen Gleichgewicht gehalten und auch der Umwelt etwas zurückgegeben werden.

So verfügt das knapp über 700 qm große Projekt über eine großzügige Solaranlage auf dem Dach, die die wärmende Sonne Südutahs in nutzbare Energie umwandelt. Auffällig sind auch die Kühltürme, die als natürliche Klimaanlage wirken. Im oberen Teil wird die warme Luft evaporativ gekühlt. Die abgekühlte Luft sinkt im Turm nach unten und kann auf der Besucherebene wirkungsvoll in die Räumlichkeiten abgegeben werden.

Dank großzügiger und sinnvoll gestalteter Fensterflächen leuchtet Tageslicht rund 80 % der gesamten inneren Gebäudestruktur aus. Allein durch die

Das Zion Canyon Visitor Center wurde unter ökologischen Gesichtspunkten erbaut.

Energiesparmaßnahmen innerhalb des Gebäudes konnte der National Park Service bis zu 15.000 US Dollar im Jahr einsparen.

Auch der Außenbereich wurde entsprechen geplant, d.h. vorhandene Bäume als Schattenspender in das Konzept mit einbezogen. In den Rabatten kommen einheimische Pflanzen zum Einsatz, die nicht oder nur wenig gewässert werden müssen.
Öffnungszeiten: siehe Tabelle unten
Tel. 435-772-3256

● **Zion Canyon Wilderness Desk**
Hier, innerhalb des Visitor Center, bekommen Backpacker umfassende Auskünfte und die entsprechenden Permits für das Hinterland des Zion Nationalparks.
Tel. 435-772-0170

● **Zion Nature Center**
Das nördlich vom South Campground gelegene und bereits 1934 erbaute Zion Nature Center bietet Ausstellungen, Aktivitäten, Bücher und Spiele für Kinder und Familien. Das Center ist im Sommer täglich von 14 bis 18 Uhr geöffnet. Es verfügt über einen eigenen Parkplatz und ist vom Zion Canyon Visitor Center oder dem Human History Museum auch über den Pa'rus Trail erreichbar.

Ranger Programme

Wie fast jeder National Park bietet auch der Zion Nationalpark die beliebten Rangerprogramme an. Die Vielfalt ist enorm und reicht von geführten Wanderungen, Tierbeobachtungen, Photography Walks, Kinderprogrammen bis hin zu Erzählungen am Lagerfeuer. Die einzelnen Programme wechseln regelmäßig. Auskünfte über die Termine in allen Visitor Centern.

● **Kolob Canyon Visitor Center**
Die Kolob Canyons im nordwestlichen Teil des Zion National Parks erreicht man über die Ausfahrt 40 auf der Interstate 15, rund 65 km nördlich vom Zion Canyon und 25 km südlich von Cedar City. Die acht Kilometer lange Kolob Canyons Road führt die Besucher zu den verschiedenen Wanderwegen und Aussichtspunkten. Im Kolob Canyons Visitor Center erhalten Wanderer neben umfangreichen aktuellen Informationen auch die erforderlichen Wilderness-Genehmigungen für die Backpacking-Campingplätze und Canyoning-Routen im Park. Es gibt auch einen Buchladen, der vom Zion National Park Forever Project betrieben wird.
3752 E. Kolob Canyon Rd.
Tel. 435-586-9548

Öffnungzeiten	Frühjahr	Sommer	Herbst	Winter
Zion Canyon Visitor Center	08:00-18:00	08:00-19:00	08:00-18:00	08:00-17:00
Park Store	08:00-19:00	08:00-20:00	08:00-19:00	08:00-17:00
Zion Wilderness Desk	07:00-18:00	07:00-19:00	07:00-18:00	07:00-16:30
Human History Museum	09:00-17:00	09:00-18:00	10:00-17:00	12:00-16:00
Zion Nature Center		14:00-18:00		
Kolob Canyons Visitor Cent.	08:00-17:00	08:00:17:00	08:00-16:30	08:00-16:30

Busfahren im Zion
Öffentlicher Nahverkehr

Seit 1990 im Zion Nationalpark erstmals mehr als 2 Millionen Besucher gezählt wurden, geriet die Logistik innerhalb des Parks immer mehr an ihre Grenzen. Die Straßen waren in der Hauptsaison regelmäßig überfüllt, die Parkplätze schon am Vormittag voll belegt. Im Milleniumjahr 2000 führte der Nationalpark Service dann das Bus Shuttle System ein, das heute noch Bestand hat. In erster Linie ging es darum, die Verkehrs- und Parkprobleme zu beseitigen, die Vegetation zu schützen und die Ruhe im Zion Canyon wiederherzustellen. Nach Schätzungen des NPS wurde der Shuttleservice allein im Jahr 2017 mehr als 6,3 Millionen mal genutzt. Und das nur im Sommer. In den Wintermonaten, wenn der Shuttle nicht betrieben wird, müssen die Besucher ihre Privatfahrzeuge verwenden. Die Busse sind jeweils von Mitte März bis Ende November im Einsatz.

Das Shuttle-System besteht aus zwei Buslinien (siehe Karte rechts), deren Nutzung jeweils für Parkbesucher kostenlos ist. Die Springdale-Shuttle-Route fährt sieben Haltestellen in der Ortschaft Springdale an und endet am Zion Canyon Theatre, dem Fußgängereingang des Parks. Hier besteht eine Umsteigemöglichkeit zum Zion Canyon Shuttle. Dieser fährt im Nationalpark auf dem in den Sommermonaten für den sonstigen Verkehr gesperrten Zion Canyon Scenic Drive vom Visitor Center aus acht touristisch interessante Haltestellen an. Das Ganze funktioniert nach dem Hop-on Hop-off System. Als Fahrschein gilt das Park-Ticket. Die aktuellen Fahrpläne sind bei den Haltestellen und im Zion Canyon Visitor Center ausgehängt.

Die Busse fahren umweltfreundlich mit Propangas bzw. elektrisch. In den Fahrzeugen ist weder das Rauchen noch Essen erlaubt. Auch die Mitnahme von Haustieren ist verboten.

Parkmöglichkeiten

Der Parkplatz beim Zion Canyon Besucherzentrum ist meist bereits schon am späten Vormittag gut gefüllt. Die Parkplatzsuche wird dann zum Glücksspiel. Park-Besucher können jedoch auch in Springdale parken (im Ort gibt es überall Schilder "Shuttle Parking") und den kostenlosen Bus-Shuttle in den Park nutzen. Auch wer im Hotel in Springdale wohnt, kann sein Auto dort stehen lassen und den Bus-Service nutzen.

Bus Shuttle Fahrplan

● **Frühjahr**

Springdale Route

8:10   Erster Bus ab Majestic View in Springdale

Am Tag   alle 10 - 15 Min.

21:15   Letzte Abfahrt Majestic View

Zion Canyon Route

7:00   Erste Abfahrt ab Visitor Cent

Am Tag   alle 5 - 6 Minuten

19:30   Letzte Abfahrt Visitor Center

20:15   Letzte Abfahrt Temple of Sinawava

● **Sommer**

Springdale Route

7:10   Erster Bus ab Majestic View in Springdale

Am Tag   alle 8 - 15 Min.

22:15   Letzte Abfahrt Majestic View

Zion Canyon Route

6:00   Erste Bus ab Visitor Center

Am Tag   alle 4 - 5 Minuten

20:30   Letzte Abfahrt Visitor Center

21:15   Letzte Abfahrt Temple of Sinawava

● **Herbst**

Springdale Route

8:10   Erster Bus ab Majestic View in Springdale

Am Tag   alle 10 - 15 Min.

20:15   Letzte Abfahrt Majestic View

Zion Canyon Route

7:00   Erste Abfahrt Visitor Center

Am Tag   alle 5 - 6 Minuten

18:30   Letzte Abfahrt Visitor Center

19:15   Letzte Abfahrt Temple of Sinawava

Geduld ist angesagt. Während der Hauptsaison ist der Ansturm auf die Shuttlebus-Haltestelle am Visitor Center oftmals groß.

Wildtiere im Zion Nationalpark
Nachtaktiv, um der Sommerhitze zu entgehen

An den Grenzen von Colorado Plateau, Great Basin und Mojave Desert gelegen, ist das Tierleben im Zion National Park sehr vielfältig. Mit Höhen von etwa 1.200 bis rund 2.600 Metern deckt der Park auf fast 60.000 Hektar einen Höhenunterschied von annähernd 1.400 Metern ab. Aus den unterschiedlichen Höhen resultieren die verschiedenen Lebensräume, die über 68 Säugetierarten, 291 Vogelarten, 37 Reptilien- und Amphibienarten sowie acht Fischarten eine Heimat geben. Als Meister in der Kunst der Anpassung, weichen viele Tiere tagsüber in kühle Höhlen oder unter die Erdoberfläche aus, um der Hitze des Tages zu entkommen. Sie sind nachtaktiv und ihr Leben spielt sich ab, wenn die Sonne untergegangen ist und es merklich kühler wird.

Obwohl grundsätzlich alle Tiere im Zion Nationalpark geschützt sind, stehen einige Tierarten unter besonderer Kontrolle der Biologen des National Park Service. Für die Mexican Spotted Owl (Mexikanische Fleckeule) zum Beispiel, die auf Bundesebene als bedroht gilt, ist der Zion Nationalpark ein wichtiger Lebensraum. Auch eine kleine Population von Mojave Wüstenschildkröten wird überwacht, genauso wie der kleine, nur 13 Gramm schwere Sperlingsvogel „Southwest Willow Flycatcher" (Empidonax traillii). Zwei weitere im Zion Nationalpark unter Beobachtung stehende Vogelarten sind der Wanderfalke und der kalifornische Kondor. Ihre Populationen sind nach vielen Jahren großer Verluste wieder auf dem Vormarsch. Der ehemals hier heimische Wanderfalke galt im Zion Nationalpark bereits als ausgestorben. Dank der besonderen Überwachung sind inzwischen wieder 15 Gelege im Parkgebiet bekannt, in denen die Falken regelmäßig brüten. Zum Schutz der Nester kann es immer wieder vorkommen, dass einzelne Wanderwege für wenige Wochen gesperrt werden.

Aber was haben Maultierhiersche, Fledermäuse und Zion-Besucher gemeinsam? Sie alle sind Säugetiere! Säugetiere unterscheiden sich stark in Aussehen, Verhalten und Lebensräumen, aber alle Säugetiere haben bestimmte Eigenschaften, die sie von anderen lebenden Tieren unterscheiden. Alle Säugetiere sind warmblütig. Das bedeutet, dass sie trotz schwankender Außentemperaturen eine konstante innere Körpertemperatur aufrechterhalten können. Sie gebären auch lebende Junge und können Milch produzieren, um sie zu ernähren. Ihre Haare oder das Fell helfen den Säugetiere, sich warm zu halten und zu isolieren.

Das Erfolgsrezept für erfolgreiche Tiersichtungen und gute Tierfotos ist es zu wissen, wann und wo man hinschauen soll. Diesbezüglich geben die Parkranger gerne den ein oder anderen Tipp. So sieht man zum Beispiel Maultierhirsche und Erdhörnchen in den frühen Morgenstunden friedlich im gut erreichbaren Bereich der Talsohle des Zion Canyons. Rock Squirrels bevorzugen, wie der Name schon sagt, felsiges Gelände. Sie klettern in den Canyonwänden und sonnen sich auf den Felsen am Ufer des Virgin River. Auch sieht man sie in den sandigen Bereichen am Riverside Walk herumtollen. Für die Erdhörnchen ist das Wasser des Virgin River lebenswichtig. Aber selbst, wenn sie weit vom Wasser entfernt sind, erweisen sie sich als Überlebenskünstler. In der Wüste wurden schon Erdhörnchen beobachtet, die bis zu einhundert Tage ganz ohne Wasser überleben konnten.

Auch die Maultierhirsche kommen regelmäßig zum Virgin River um zu trinken. Dabei kann man

sie gut für das Fotoalbum ablichten. Mit ein wenig Glück bekommt man in der Morgen- oder Abenddämmerung auch ein Maultierhirschkitz vor die Linse. Maultierhirsche gehören zu den größten Säugetieren, die im Zion Canyon zu sehen sind. Sie sind nach ihren großen, maultierähnlichen Ohren benannt. In der Wüstenhitze haben die bis zu 20 cm langen Ohren einen großen Vorteil. Ihre zahlreichen Blutgefäße in der Nähe der Hautoberfläche helfen, die Körperwärme an heißen Sommertagen abzuleiten.

Im Gegensatz zu Maultierhirsch und Rock Squirrel, die sich gut an Zions extreme Sommertemperaturen angepasst haben, meiden viele andere Tiere die Hitze des Tages. Ein Großteil der Tierwelt in Zion ist nachtaktiv. So kann man in der Nacht das langgezogenen Jaulen der Kojoten hören, das schwache Mondlicht in den Augen eines

Auch wenn sie putzig sind und betteln: Das Füttern ist verboten!

grauen Fuchses schimmern sehen oder die flinken Bewegungen einer Ringtail Cat beobachten. Auch andere charismatische Tiere wie Berglöwen, Rotluchse, Stachelschweine, Stinktiere, Waschbären, Dachse, Fledermäuse und Biber sind im Schutz der Dunkelheit aktiv und auf der Jagd.

Die Ringtail Cat (Bassariscus Astutus) ist ein Verwandter des Waschbären und in allen Gegenden des Nationalparks beheimatet. Allerdings sind diese kleinen Allesfresser selten zu sehen. Nur bei völliger Dunkelheit machen sie Jagd auf Insekten, Eidechsen und kleine Säugetiere. Dabei huschen sie sich mit großer Geschicklichkeit und Beweglichkeit über Zions hohe Klippen und balancieren auf schmalen Felsvorsprüngen mit Hilfe ihres langen mit schwarzen und weißen Ringen bemusterten Schwanzes.

Ein anderes sehr wendiges Raubtier, das in den höheren Regionen von Zion herumstreift, ist der Berglöwe, auch Puma oder Panther genannt. Mit einer Schulterhöhe von 60 bis 80 cm und einem Gewicht von bis zu 70 kg ist er ein sehr effizienter Jäger. Die scheuen Einzelgänger ernähren sich von kleineren Säugetieren, reißen aber auch geschwächte Maultierhirsche oder Dickhornschafe. Angriffe auf Menschen sind eher selten - Berglöwen betrachten den Menschen im Allgemeinen nicht als Beute.

Zu den weiteren interessanten Tieren im Park gehören:

Umgang mit Wildtieren

● **Abstand halten!**
Obwohl viele Tiere harmlos, friedlich und sogar neugierig wirken, kann ihre Stimmung von einer auf die andere Sekunde umschlagen und sie greifen an. Daher sollte man unbedingt zu seiner eigenen, aber auch zur Sicherheit der Tiere, die vorgegebene Sicherheitsabstände einhalten. Die Ranger empfehlen bei Elchen, Hirschen, Dickhornschafen, Bisons und Berglöwen mindestens 30 Meter. Wer einmal einen wütenden Bison oder einen Hirsch während der Brunft erlebt hat, weiß, um was es geht. Übrigens, die meisten Verletzungen bei Parkbesuchern werden durch die „niedlichen" Squirrels verursacht. Sie haben sehr scharfe Zähne und können auch Krankheiten übertragen.

● **Niemals füttern!**
Das Füttern von Wildtieren bietet Gefahren sowohl für den Menschen, als auch für das bedachte Tier. Krankheiten können dabei in beide Richtungen übertragen werden. Für den Menschen sind besonders Tollwut, Beulenpest oder das Hantavirus eine große Gefahr. Auch kann es zu Kratzern, Bissen oder Prellungen kommen. Eine nicht artgerechte Nahrung kann die Tiere langfristig schädigen und sogar zum Tode führen. Oder sie gewöhnen sich an die Fütterung durch unvernünftige Touristen und legen keine Vorräte mehr für den Winter an. Dies kann zum qualvollen Tod durch verhungern führen. **Wild soll wild bleiben.**

● Das Dickhornschaf
(Ovis canadensis nelsoni)

Wüstenbighornschafe haben sich im Laufe der Evolution perfekt angepasst, um in den heißen, trockenen Wüsten überleben zu können. Ihre Körper sind kleiner, die Beine länger und das Fell kürzer als beim Rocky Mountain Bighornsheep (Ovis Canadensis Canadensis). Im Frühjahr können Wüstenbighornschafe viele Tage ohne Wasser auskommen. Sie generieren dann die für den Körper notwendige Feuchtigkeit aus den Pflanzen, die sie fressen. Von Juli bis Oktober ist die Paarungszeit der Bighorns. Während dieser Zeit kämpfen die Widder gegeneinander und rammen ihre von mächtigen Hörnern gekrönten Köpfe mit voller Wucht gegeneinander. Der Sieger des Kampfes gewinnt den Zugang zu den Mutterschafen in der Herde. Nach sechs Monaten werden die Lämmer mit einem weichen Wollmantel und kleinen Hornknospen geboren. Die Desert Big Horns durchstreifen den Südwesten der USA seit mindestens 12.000 Jahren, doch im Zion Nationalpark galten die Tiere zur Mitte des zwanzigsten Jahrhunderts als lokal ausgestorben. Daher siedelte der NPS 1978 zusammen dem Utah Department of Wildlife Resources 14 Tiere aus anderen Teilen des Landes im Zion Nationalpark aus. Das Programm war erfolgreich. Bis heute ist die Anzahl der Bighornschafe im Zion Nationalpark wieder auf weit über stattliche 400 Exemplare angewachsen. Sie leben vorwiegend in der felsigen Landschaft zwischen dem Zion-Mt. Carmel Tunnel und dem Park Osteingang.

● Der Maultierhirsch
(Odocoileus hemionus)

Maultierhirsche ist das am häufigsten gesehene und meisten fotografierte große Säugetier im Zion Canyon. Sie

Anders als beim Bock sind die Hörner des weiblichen Big Horn Sheeps zierlicher und nicht so stark eingedreht.

grasen in den kühleren Morgen- und Abendstunden auf den Campingplätzen in der Nähe der Zion Lodge und entlang des Virgin River im Zion Canyon. Während der Hitze des Tages suchen sie schattige Plätze auf. Die Böcke haben mächtige und einschüchternde Geweihe, die sie im Kampf nutzen, um eine Hierarchie unter den männlichen Mautierhirschen herzustellen. Vom Frühjahr bis in den späten Sommer hinein wachsen die Geweihe. Während der Wintermonate werden sie von den Tieren abgeworfen und der Kreislauf beginnt von neuem. Nach der Begattungszeit im Herbst macht die nährstoffarme Wintervegetation Zions Maultierhirschen schwer zu schaffen. Die mangelhafte Ernährung lässt die Tiere ausgemergelte und hager erscheinen. Alte und kranke Maultierhirsche werden im Zion Canyon jedoch selten gerissen. Ihr größten Feinde, die Berglöwen, meiden den Zion Canyon wegen der Menschenmassen. Die Kitze der Maultierhirsche werden Ende Mai oder Anfang Juni im Allgemeinen als Zwillinge geboren. Oft kann man die Jungen alleine im Gras oder unter einem Baum ruhend beobachten. Die Rehkitze sollten dabei nicht gestört werden, da ihre Mutter meist in der Nähe ist und sie auf ihre Rückkehr warten. Genetisch hat diese Hirschart gar nichts mit den Maultieren zu tun. Lediglich die Form und die Größe der Ohren erinnert an die Kreuzung von Pferdestute und Eselshengst.

● **Das Rock Squirrel (Spermophilus variegatus)**
Die Rock Squirrels, im deutschsprachigen Raum auch als Felsenziesel bekannt, gehören zur Familie der Erdhörnchen. Man kann sie fast überall im Nationalpark auf den Felsen oder in Bäumen klettern sehen. Es ist typischerweise 43 bis 54 cm lang und

An den außergewöhnlichen Ohren erkennt man den Maultierhirsch, hier ein weibliches Tier ohne mächtiges Geweih.

wiegt bis zu 850 Gramm (Ausnahmen bestätigen die Regel. Siehe Foto unten!). Sein bis zu 20 cm langer Schwanz ist nicht so ausgeprägt wie der des europäischen Eichhörnchens. Das Fell der Rock Squirrels ist graubraun und kann auch Flecken in einem helleren Braun haben. Die Felsbrocken und Klippen im Zion Nationalpark sind ein idealer Lebensraum für die Rock Squirrels. Sie nutzen große Felsen als Ausguck, um nach Raubtieren oder anderen Gefahren Ausschau zu halten und warnen ihre Artgenossen mit lauten Pfiffen oder Zirpen. Verstärkt sieht man sie im Bereich des Riverside Walk Trails am Ende des Zion Canyon. Obwohl Squirrels niedlich aussehen und zutraulich scheinen, sind es trotz allem Wildtiere, die auch beißen können! Diese Erdhörnchen sind dafür bekannt, dass sie in Rucksäcken, Lunch-Taschen und Mülleimern räubern und Lebensmittel auch direkt aus den Händen der Besucher zu stehlen. Wer sie nicht füttert, trägt dazu bei, dass sie gesund bleiben und auch den nächsten Generationen erhalten bleiben.

● **Die Desert Tortoise**
(Gopherus agassizii)
Von den 341 Schildkrötenarten weltweit ist es die bis zu 4 kg schwere Desert Tortoise, die Wüstenschildkröte, die sich im heißen Zion Nationalpark niedergelassen hat. Im Gegensatz zu anderen Schildkröten hat sie einen hoch gewölbten Panzer und elefantenähnliche - natürlich entsprechend kleinere - Hinterbeine. Der Zion Nationalpark liegt am nordöstlichen Endes ihres Lebensraums, der sich über weite Teile der Mojave und der Sonora Wüste erstreckt. Die Schildkrötenart hat die Kunst des „slow living" im Laufe der Evolution so perfektioniert, dass sie in freier Wildbahn bis zu 50 Jahre oder länger leben können. Um in der heißen

Ein adipöses Rock Squirrel. Hier haben die Parkbesucher definitiv zu viel gefüttert.

Trockenheit der Wüstenlandschaft existieren zu können, verbringen die Wüstenschildkröten einen großen Teil ihres Lebens in unterirdischen Höhlen, vermeiden die Hitze des Sommers in einem halbschlafenden Zustand und beginnen erst außerhalb der Hitzeperiode zu „leben". Mit ihren Vorderbeinen - mit scharfen Klauen wie die Zähne eines Löffelbaggers - graben sie sich bis zu 1,5 Meter tief in abfallendes Gelände ein. Diese Erdlöcher bieten Schutz vor der trockenen Hitze und Räubern wie Fuchs, Kojote und Raben. Die Schildkröten verlassen ihre Höhlen erst, wenn die Bedingungen stimmen, um Nahrung und Wasser zu suchen.

Schildkröten fressen Gräser, Kräuter, Kakteen und junge Knospen. So erhalten sie etwas Flüssigkeit, die in den Pflanzen enthalten ist. Wenn es dann mal regnet, können Wüstenschildkröten Wasser und zwar bis zu 40% ihres Kör-

pergewichts, in ihren Blasen speichern. Das hilft ihnen dabei, auch Dürreperioden zu überleben. Im Jahr 1990 wurde die Wüstenschildkröte wegen des Verlustes von Lebensräumen und Krankheiten als bedrohte Art gelistet und geschützt. Obwohl sie lange leben „können", ist ihre Sterblichkeitsrate doch recht hoch. Das fängt schon bei den Jungtieren an. Der später schützende Panzer ist anfangs noch sehr weich. Damit werden sie eine leichte Beute für Raben und Gila Krustenechsen. Ein weiteres Problem ist die Einschränkung des Lebensraumes. Und hier kommt der Mensch ins Spiel. Die Biologen des Zion Nationalparks zeichnen seit 2008 saisonale Bewegungen und Aktivitäten von insgesamt 33 Wüstenschildkröte auf und erhoffen sich dadurch Hinweise auf ihr Leben und die Brutpopulation. Wer das Glück hat, eines dieser bemerkenswerten Reptilien in der freien Natur zu sichten, sollte

Die Desert Tortouse macht sich rar. Im Sommer lebt sie, geschützt vor der Hitze und Feinden, in tiefen Erdhölhen.

es nicht berühren oder gar aufheben. Es sei denn, es besteht die Gefahr, dass das langsame Tier auf einer Straße überfahren werden könnte. Ideal ist es die Schildkröte aus der Entfernung zu beobachten und ihr ansonsten den erforderlichen Freiraum zu lassen.

● Die Mexican Spotted Owl (Strix occidentalis lucida)

Mexican Spotted Owls gelten seit 1993 aufgrund von großflächigen Rodungen und Habitat-Zerstörung als bedroht. Der geschickte Jäger hat jedoch einen Zufluchtsort in Zions Schluchten gefunden. Der Lebensraum der Mexican Spotted Owl erstreckte sich über die Four Corners Region in Utah, Colorado, New Mexico und Arizona. Ihr bevorzugtes Habitat sind kühle, feuchte Wälder. Wie kann diese Eule dann Zuflucht in Zion finden? In der ansonsten trockenen, wüstenähnlichen Landschaft Zions liegen einige unerwartete

Oasen. Tiefe, schmale Schluchten, die durch Überschwemmungen in den Sandstein geschnitten wurden, schufen einen idealen Lebensraum für diese Vögel. Die hohen Wände dieser Canyons lassen sehr wenig Sonnenlicht herein und halten sie angenehm kühl wie klimatisierte Häuser. Diese Schluchten sind üppig grün beinhalten eine Vielzahl von Leben, einschließlich hoher Bäume und Nagetiere. Die monogamischen Eulenpaare brüten in den Höhlen der Klippen oder auf hohen Bäumen. Hier warten sie auf den Einbruch der Dunkelheit, um sich dann im lautlosen Flug auf ihre Beute, z.B. Wüstenmäuse und größere Käfer zu stürzen. Die Population der mexikanischen Fleckeule wurde seit 1993 in Zion beobachtet und ist während dieser Zeit stabil geblieben. Der NPS überwacht 15 Nistplätze, es gibt jedoch mehr im Park. Die Paarung erfolgt von Ende Februar bis Anfang März und das

Die Mexican Spotted Owl - ein außergewöhnlicher Vogel.

Weibchen legt zwei bis drei Eier ins Nest. Bereits im August sind die Jungen flügge.

● Kalifornischer Kondor (Gymnogyps californianus)

Seit prähistorischen Zeiten flogen kalifornische Kondore mit bis zu 3 Metern Spannweite über einen großen Teil der USA. Bis 1982 aber sank die Population der mächtigen Vögel auf nur noch 22 Individuen - weltweit. Die letzten freilebenden kalifornischen Kondore wurden in den 1980er Jahren eingefangen und einem Zuchtprogramm zugeführt, um diesen Vogel vor dem endgültigen Aussterben zu bewahren. Nun kommt der kalifornische Kondor langsam zurück in seinen angestammten Lebensraum. In den letzten drei Jahrzehnten wurden Vögel aus der Gefangenschaft in Kalifornien und den Vermillion Cliffs im Norden von Arizona freigelassen. Und die Kondore vermehren sich wieder. Es gibt wieder über 450 Exemplare, von denen ungefähr die Hälfte in freier Wildbahn lebt. Ungefähr 70 ausgewilderte Kondore leben heute in Arizona und Utah. Und der Zion Nationalpark mit seinen Canyons und Hochplateaus liegt genau in der Mitte des Gebietes. Daher bekommt man diese außergewöhnlichen Tiere immer mal wieder im Park zu sehen, zum Beispiel, wenn sie hoch oben bei Angels Landing oder am Rand der Kolb Terrace Road in der Nähe des Lava Points thronen. Kalifornische Kondore sind neugierig und werden von menschlichen Aktivitäten angezogen. Wer einen kalifornischen Kondor sieht, sollte sich ihm nicht weiter nähern und auch kein Futter anbieten. Stattdessen wäre es wichtig, die Sichtung dem nächsten Parkranger, möglichst mit genauem Standort und der Registrierungsnummer des Vogels zu melden.

Bei manchen Tieren muss man schon sehr genau hinschauen, um sie zu sehen.

Zion Nationalpark
Die Top 10

●1 Zion Canyon Scenic Drive

Die einfachste Möglichkeit, innerhalb kurzer Zeit einige der schönsten Sehenswürdigkeiten des Zion Nationalparks zu erreichen, ist der kostenlose Zion Canyon Shuttle. Auch wenn man nur kurze Zeit im Park verweilt, sollte man sich den Scenic Drive ubedingt anschauen. Für die komplette Hin- und Rückfahrt in den mit umweltfreundlichem Propangas angetriebenen Bussen müssen mindestens 90 Minuten kalkuliert werden. Die Tour kann aber auch an jeder Haltestelle unterbrochen und wieder aufgenommen werden. Der Zion Canyon Scenic Drive ist von März bis Oktober für private Kfz gesperrt. Eine Ausnahme gilt für die Gäste der Zion Lodge. Diese dürfen mit ihrem Fahrzeug bis zu ihrer Unterkunft

fahren. Insgesamt gibt es neun Haltestellen, dann fährt der Bus auf gleichem Weg zurück.

Shuttle Stop # 1 - Visitor Center

Die Rundfahrt beginnt am Visitor Center. Hier gibt es Parkplätze, Toiletten, Waschräume und man kann sich bei den Rangern mit Informationen zum Nationalpark eindecken.

Shuttle Stop # 2 -
Zion Human History Museum
(Siehe Seite 47)

Shuttle Stop # 3 - Canyon Junction

Hier beginnt links der eigentliche Scenic Drive, während der Zion-Mount Carmel Highway weiter geradeaus verläuft. Auch endet hier der Pa'rus Trail, ein Wanderweg ab dem Visitor Center.

Shuttle Stop # 4 -
Court of the Patriarchs
Der Court of the Patriarchs besteht aus

Canyon Junction - Nach links führt der Zion Canyon Scenic Drive bis zum Temple of Sinawava und geradeaus geht es zum Zion-Mount Carmel Tunnel.

drei markanten Gipfeln, die nach den biblischen Abraham, Isaac und Jacob benannt sind. Der Court of the Patriarchs Viewpoint Trail ist ein kurzer (150 m), aber steiler Weg von der Shuttle-Haltestelle zu einem Aussichtspunkt. Dieser bietet nicht nur einen guten Blick auf den Court of the Patriarchs, sondern auch hinunter in den Zion Canyon sowie auf die Berge Sentinel und Mount Moroni. Besonders am frühen Morgen, wenn die Sonne die Gipfel perfekt ausleuchtet, ist dies eine schöne Fotolocation. Folgt man dem Weg in entgegengesetzter Richtung und überquert den Virgin River über die Fußgängerbrücke, stößt man nach etwa 500 Metern auf den Sand Bench Trail (siehe auch Seite 58).

Shuttle Stop # 5 - Zion Lodge

Der nächste Halt ist Zion Lodge. Neben der Unterkunft gibt es gastronomische Einrichtungen und einen Souvenirladen. Auf der gegenüberliegenden Straßenseite kann man Pferde

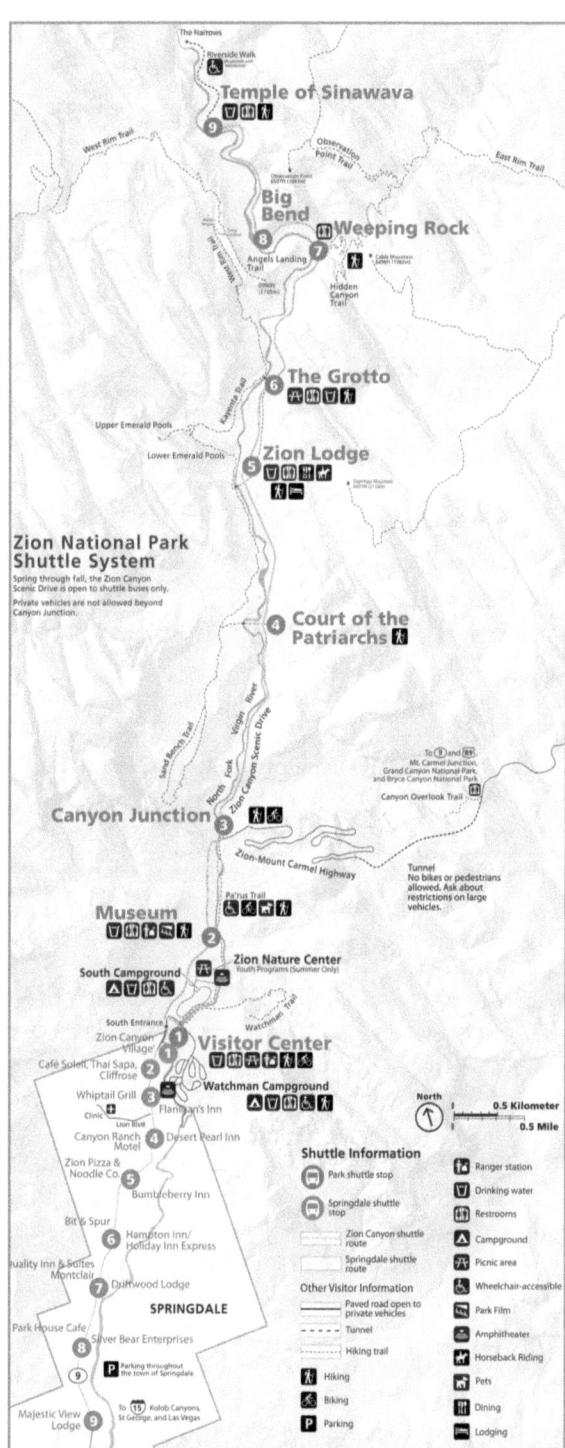

Umweldfreundlich mit Gasantrieb fahren die Shuttle Busse im Zion Canyon.

für einen Ausritt mieten. Ein kurzer Wanderweg führt von hier nach The Grotto, einem Picknickplatz und der nächsten Shuttle-Haltestelle. In der Nähe der Pferdeställe beginnt der Emerald Pools Trail (siehe auch Seite 56). Dieser sehr beliebte Wanderweg führt zu einer Reihe von Wasserbecken, die im Frühjahr über kleine Wasserfälle verbunden sind.

Shuttle Stop # 6 - The Grotto

An dieser Bushaltestelle erwartet uns ein Picknickplatz mit Toiletten und fließendem Wasser. Noch wichtiger ist aber, dass dies der Ausgangspunkt für den 8,7 km langen Angels Landing Trail ist (siehe Seite 58). Diese beliebte, aber sehr anstrengende Wanderung führt auf den Gipfel von Angel's Landing mit der außergewöhnlichen Aussicht ins Tal des Zion Canyon.

Shuttle Stop # 7 - Weeping Rock

Weeping Rock ist eine leicht zugängliche Attraktion. Vom oberen Rand einer großen Nische in der Sandsteinwand tropft ununterbrochen Wasser. Mit ein wenig Phantasie kann man es als „Weinen" bezeichnen. Durch die anhaltende Feuchtigkeit wachsen im Schatten des Alcovens zahlreiche Moose und Farne. Ein kurzer Spaziergang auf dem Weeping Rock Trail führt unter den Überhang. Außerdem beginnt an diesem Shuttle Stop die Trails zum Hidden Canyon und zum Observation Point.

Shuttle Stop # 8 - Big Bend

Der nächste Halt ist Big Bend. Hier starten keine Wanderwege, aber es ist ein sehr beliebter Fotospot. Der Virgin River und auch der Canyon selbst machen hier einen scharfen Knick und bilden dadurch eine dramatische Foto-Szenerie.

Shuttle Stop # 9 - Tempel of Sinawava

Die letzte Station ist der Tempel von Sinawava. Dies ist mit Abstand der beliebteste Ort in Zion und das aus gutem

Im Laufe der Zeit hat sich das Wasser des Virgin Rivers in den Narrows tief in den Sandstein „gefressen".

Grund. Hier beginnt der Riverside Walk, der dem Verlauf des Virgin River folgt. Anfangs noch weit auseinander, kommen sich die Wände des Canyons immer näher. Nach etwa 1,5 km endet der asphaltierte Weg und „The Narrows" beginnt. Dies ist die Dayhike-Version der Zion Narrows, einer der spektakulärsten Wanderrouten in den Vereinigten Staaten.

●2 The Narrows

Der Trail durch die Narrows des Zion Nationalparks ist sicherlich eine der außergewöhnlichsten Wanderungen in den USA (siehe Seite 60). Je nach Wasserstand des Virgin River läuft man dabei meist durch das Wasser des Flusses. Und wenn einem das Wasser bis zum Hals steht, muss man unter Umständen auch mal schwimmen. Wie weit man in den immer enger werdenden Slot-Canyon eindringen sollte? Das bleibt jedem selbst überlassen und sollte von der eigenen allgemeinen körperlichen Verfassung, den Wetterbedingungen und der Wassertemperatur abhängen. Eine ausführliche Beratung im Visitor Center ist auf jeden Fall empfehlenswert.

Der Canyon der Narrows entstand durch die North Fork des Virgin Rivers, die sich hier im Laufe der Jahre tief in den Navajo-Sandstein hineingefressen hat. Die steil aufragenden Seitenwände sind bis zu 500 Meter hoch und haben in Bodennähe teilweise gerade mal einen Abstand von fünf Metern. Ein wirklich spektakulärer Slot-Canyon.

Die Narrows sind am sichersten zu begehen, wenn der Virgin River einen niedrigen Wasserstand aufweist, wenn das Wasser klar und relativ warm ist. Die Bedingungen können sich aber von Stunde zu Stunde ändern und sind fast unmöglich vorherzusagen. Eine durchdachte Vorausplanung, die entsprechende Ausrüstung und eine genau Abschätzung der jeweiligen Lage sind für eine sichere und erfolgreiche Wanderung unerlässlich.

●3 Angels Landing

Angels Landing ist mit einer Höhe von 1.765 m über NN nicht der höchste Aussichtspunkt im Zion Nationalpark, aber sicherlich der spektakulärste. Der steil aus dem Zion Canyon herausragende Felsturm aus Quarzsandstein ist ein wahrer Touristenmagnet. Bereits 1926 angelegt, zieht es heute hunderte Wanderer täglich auf den 4,35 km lan-

Nicht ganz ungefährlich ist der Aufstieg zum Aussichtspunkt Angels Landing. Schwindelfreiheit und Trittsicherheit sind für das letzte Stück auf dem Grat Voraussetzung.

gen, teils recht strapaziösen Trail. Mit den Shuttlebussen ist der Trailhead „The Grotto" leicht zu erreichen. Anfangs noch flach, wird der Weg zunehmend steiler. Eine große Herausforderung sind die über zwanzig, „Walter's Wiggles" genannten, engen und steilen Serpentinen, die es zu bewältigen gilt.

Richtig problematisch wird es dann auf den letzten ca. 800 Metern. Von „Scouts Overlook" zum Viewpoint führt der Weg über einen sehr schmalen Grat. Hier ist absolute Schwindelfreiheit und gutes Schuhwerk die Grundvoraussetzung, denn rechts und links des schmalen Felsrückens geht es hunderte Meter steil in die Tiefe. Lediglich eine mittig angebrachte dicke Eisenkette bietet dem Wanderer einen sicheren Halt.

Wer den Viewpoint erreicht hat, wird mit einem phantastischen Rundumblick auf die mächtigen Felslandschaften des Nationalparks und in das tiefe Tal des Zion Canyons mit dem sich tief unten schlängelnden Virgin River belohnt. Aber Angels Landing ist kein Spielplatz. Wer hier abstürzt, kommt nicht mit Abschürfungen oder gebrochenen Gliedmaßen davon. In der Vergangenheit ist immer wieder zu tödlichen Unfällen gekommen.

●4 Zion Human History Museum

Das Zion Human History Museum befindet sich rund eine halbe Meile nördlich vom Südeingang des Parks und ist zu Fuß oder von Anfang Februar bis Ende November mit dem kostenlosen Zion Canyon Shuttle System gut zu erreichen.

Das Zion Human History Museum zeigt die Geschichte des Nationalparks und die der Menschen, die hier lebten, eindrucksvoll auf.

Die Dauerausstellungen des Museums zeigen die indianische Kultur, eine historische Siedlung und die Entwicklung des Zion Nationalparks. Darüber hinaus sind temporäre Exponate wie die Repliken historischer Unterkünfte der Union Pacific Railroad, Tagebücher der Mitglieder des Civilian Conservation Corps, Fotos von Parkangestellten und vieles mehr zu sehen.

Ein 22-Minuten-Video, das jede halbe Stunde gezeigt wird, bietet eine hervorragende Parkübersicht. Rangers stehen zur Verfügung, um Fragen zu beantworten. Bücher, Karten, Plakate und Filme sind in der Museumsbuchhandlung erhältlich.

Die massiven Felswände hinter dem Museum heißen Temples and Towers of the Virgin. Von der Museumsterrasse hat man eine optimale Aussicht auf die Felsen, die die höchsten Sandstein-Steilklippen der Welt sein sollen.

Die nicht öffentliche Sammmlung des Zion National Park Museum umfasst über 300.000 Dokumente, Fotografien, Dias und Karten von der Gründung bis zu den aktuellen Aktivitäten im Park. Darüber hinaus befinden sich in der naturhistorischen Sammlung des Zion National Park Museums etwa 22.500 Objekte, darunter Säugetieren und Vögel, Insekten, paläontologische Präparate und konservierte Pflanzen. Die Sammlung kulturhistorischer Artefakte des Zion National Park enthält mehr als 30.000 Objekte, die die Geschichten prähistorischer Siedlungen in der Region, der frühen Pioniersiedlungen und der Entwicklung des Canyons, der historischen Lodge und der Union Pacific Railroad erzählen.

Die Museumssammlungen können nur nach Vereinbarung geöffnet werden. Die Öffnungszeiten sind Montag bis Freitag von 8:00 Uhr bis 16:30 Uhr, außer an Feiertagen und vorbehaltlich der Verfügbarkeit der Mitarbeiter. Anmeldungen und Informationen unter zion_museum@nps.gov

●5 Zion Lodge

Die Zion Lodge liegt im Herzen des Zion Canyon, etwa 5 km von der Canyon Junction entfernt. Die ganzjährig geöffnete Lodge bietet, neben den Campingplätzen, die einzige Möglichkeit im Nationalpark zu übernachten. Angeboten werden neben Hotelzimmern auch Cabins und Suiten. Auch für Speis und Trank wird in der Lodge gesorgt: entweder im Hauptspeisesaal, dem Red Rock Grill oder im nur in der Hauptsaison geöffneten Castle Dome Café.

In den frühen Tagen des National Park Service waren Eisenbahnunternehmen oft an der Erschließung oder dem Ausbau der Nationalparks beteiligt. Im Zion NP war dies die Utah Parks Company, eine Tochtergesellschaft der Union Pacific Railroad. Mit der Fertigstellung einer Eisenbahnlinie in die nahe gelegene Stadt Cedar City im Jahr 1923 ergab sich für die Besucher nun eine einfache und bequeme Möglichkeit, nach Zion zu gelangen. Der nächste Schritt war nun, Unterkünfte für die Touristen zu bauen.

Zion Lodge

Der Auftrag ging an Gilbert Stanley Underwood - ein Architekt, der schon einige Nationalpark Lodges gebaut hatte. Er plante ein Gebäude, überwiegend aus Holz, das einladend war und Wärme ausstrahlte. Die Zion Lodge wurde im Mai 1925 fertiggestellt und später mit einer Reihe von freistehenden Cabins ergänzt.

Das Hauptgebäude der Lodge stand über 40 Jahre, bis es am 26. Januar 1966 durch einen verherenden Brand zerstört wurde. Aber schon 108 Tage nach dem Feuer konnte eine neue aufgebaute Lodge, so wie wir sie heute kennen, den Betrieb wieder aufnehmen. Für viele ist die Zion Lodge zu einem Markenzeichen des Parks geworden und nimmt damit einen wichtigen Platz in der Geschichte des Zion Nationalparks ein.

●6 Emerald Pools Trail

Die Emerald Pools sind drei kleine Tümpel (Lower, Middle und Upper EP), die durch Wasser, das im porösen Navajosandstein, der überall im Park zu finden ist, versickert, sich irgendwo unter der Oberfläche sammelt und dann wieder aus den Felsen austritt. Hier geschieht dies in Form kleiner Wasserfälle. Ihr Wasser fließt hinunter in die fast kreisrunden Felsenbecken, die Emerald Pools. Ihren Namen erhielten sie aufgrund ihrer Farbe, die von eine besondere Algenart stammt. (Emerald = Smaragd).

Ausgangspunkt für die Wanderung zu den Pools ist die Zion Lodge. Über die bereits 1932 angelegten und gut erhaltenen Trails ist der Weg zum Lower- bzw. Middle Emerald Pool (ca. 1 km bzw. 2 km und zurück) noch leicht zu bewerkstelligen, während der Upper Trail sehr steil und sandig ist und ein wenig Fitness und Wandererfahrung voraussetzt. Es geht fast 200 Höhenmeter bergauf und kann im heißen Sommer zu einer schweißtreibenden Angelegenheit werden. Unterwegs hat man immer wieder schöne Ausblicke auf den Zion Canyon und die tieferliegenden Emerald Pools.

●7 Kolob Canyons

Die Kolob Canyons sind ein einzigartiger Teil des Zion National Parks der nur von wenigen Besuchern betreten wird. Hoch aufragenden Gipfel aus Navajo-Sandstein, tiefe Canyons und Wasserfälle, sowie über 20 Meilen Wanderwege prägen die Landschaft. Dieser Bereich gehört erst seit 1956 zum Nationalpark, nach dem die Canyons bereits 1937 als National Monument unter Schutz gestellt wurden.

Hier, in der nordwestlichen Ecke des Nationalparks, hat die Erosion schmale Felsschluchten in den westlichen Rand des Colorado Plateaus geschnitten und damit majestätische Gipfel und hohe Felswände gebildet. Die Canyons von Kolob sind auch heute noch pure Wildnis und für ihre unberührten und eindrucksvollen Landschaftsbilder bekannt.

Man erreicht dieses „Hinterland" des Zion Nationalparks über die Ausfahrt 40 der Interstate 15, 40 Meilen nördlich von Zion Canyon und 17 Meilen südlich von Cedar City. Die rund fünf Meilen lange Fahrt über die Kolob Canyons Road ermöglicht den Besuchern Aus-

und Einblicke in die in den verschiedensten Rottönen malerisch leuchtenden Canyons zu werfen und führt zu verschiedenen Wanderwegen und Aussichtspunkten.

Information über den Zustand der Wanderwege oder das Wetter erhält der Reisende im Kolob Canyons Visitor Center direkt an der Kolob Canyons Road.

●8 Kolob Arch

Bei der letzten Vermessung im Jahre 2006 maß die Natural Arch and Bridge Society (NABS) am Kolob Arch eine Spannweite von 87,6 Meter (287,4 Fuß) und sieht ihn daher als den sechstgrößten natürlichen Steinbogen weltweit an. Je nach Messtechnik und Definition ist er nur wenig kleiner (oder größer) als der Landscape Arch im Arches Nationalpark.

Den Kolob Arch erreicht man nach einer 11 km langen Wanderung (siehe Seite 62). Da er von einer großen steilen Klippe eingerahmt ist, wirkt er auf den ersten Blick nicht so imposant, wie ähnlich große, freistehende Steinbögen.

●9 The Subway

Die Subway ist der umgangssprachliche Name für einen einzigartig geformten Slot Canyon im nördlichen Zion Nationalpark. Und mit ein wenig Phantasie könnte man die knapp 400 Meter lange „Tube", die die Left Fork des North Creek hier über Jahrhunderte in den Fels gefräst hat, tatsächlich für

Nicht einfach zu erreichen, aber für Fotografen ein absolutes Highlight: The Subway.

eine stillgelegte U-Bahnröhre halten. Wie auch immer - die Subway ist eine außergewöhnliche Fotolocation. Bei entsprechenden Lichtverhältnissen lassen sich hier grandiose Motive ablichten. Der ca. 8 km lange Weg zur Subway ist mühsam und nur für erfahrene Canyon-Wanderer zu empfehlen (Siehe Seite 63). Für den Zugang zur Subway sind Permits (15 $) erforderlich, die drei Monate im Voraus online verlost werden.

Der Zion - Mount Carmel Highway durchschneidet beeindruckende Sandsteinlandschaften

●10 Zion - Mt. Carmel Highway

Der UT-9, auch Zion - Mount Carmel Highway genannt, ist die Hauptdurchgangsstraße durch den Zion Nationalpark. Sie verbindet den Südeingang bei Springdale mit dem Osteingang. Im Gegensatz zum Zion Canyon Scenic Drive ist er ganzjährig für private Fahr-zeuge freigegeben. Für größere Fahrzeuge kann es bei der Einfahrt zum Mount Carmel Tunnel zu Verzögerungen kommen (siehe Seite 16).

Meile 0,0 - Südeingang

Die Straße passiert das Eingangsschild und die südliche Zugangskontrolle des

Die einzigartige Aussicht vom Canyon Overlook.

Nationalparks, unmittelbar hinter der Stadt Springdale.

Meile 0,1 - Visitor Center und Watchman Campground

Eine Nebenstraße führt nach rechts zum Zion Canyon Visitor Center und zum beliebten Watchmann Campground (Infos zum Campingplatz siehe ab Seite 67). Am Visitor Center sind die Start- und Endpunkte der beiden Shuttle-Bus-Linien, die einerseits Besucher aus Springdale in den Park bringen, andererseits in den Zion Canyon hineinfahren.

Meile 0,3 - South Campground

Die Zufahrtsstraße zum South Campground befindet sich auf der rechten Seite (Infos zum Campingplatz siehe ab Seite 67).

Meile 0,7 - Zion Human History Museum

Das Museum befindet sich links der Straße. Hier ist auch der Stop #2 des Bus-Shuttles. Der Pa'rus Trail führt hier vorbei - entweder zum Besucherzentrum oder in die andere Richtung zur Canyon Junction, der Haltestelle #3.

Meile 1,4 - Canyon Junction

Linker Hand beginnt hier der Zion Canyon Scenic Drive, der in der Saison nur mit Sondergenehmigung von Kfz befahren werden darf. Dazu gehören die Shuttle Busse, aber auch Gäste der Zion Lodge.

Meile 4,9 - Zion - Mt. Carmel Tunnel

Nach einer Reihe von Serpentinen und atemberaubenden Ausblicken auf die umliegenden Felswände führt die Straße in den Zion - Mount Carmel Tunnel. Dieser Straßentunnel ist knapp über eine Meile lang und wurde 1930

Checkerboard Mesa.

fertiggestellt. Da der Tunnel sehr schmal ist, muss er bei der Durchfahrt von großen Fahrzeugen für die entgegengesetzte Richtung gesperrt werden. Dies kann zu Verzögerungen führen.

Meile 6,0 - Canyon Overlook

Unmittelbar nach dem Verlassen des Tunnels befindet sich auf der linken Seite ein kleiner Parkplatz. Hier startet der Canyon Overlook Trail, eine relativ kurze Wanderung zu einem Aussichtspunkt, der einen einzigartigen Ausblick auf den östlichen Zion Canyon gewährt (Siehe auch Seite 61). Von hier aus führt die Utah State Route 9 weiter durch herrlich Sandsteinlandschaften, durch kleinere Tunnel und vorbei an mächtigen Felsen in den verschiedensten Rot-Schattierungen.

Meile 11,1 - Checkerboard Mesa

Von einem kleinen Parkplatz auf der linken Seite der Straße hat man eine gute Sicht auf den Checkerboard Mesa. Seine markante Oberfläche, die mit ein wenig Phantasie an ein Schachbrett erinnert, entstand durch Erosion. Die senkrechten Rillen schnitt ablaufendes Regen- bzw. Schmelzwasser in den weichen Sandstein. Für die waagerechten Rillen ist der Wind verantwortlich.

Meile 11,4 - Eingangsstation Ost

Nach 11,4 Meilen erreicht der Highway die östliche Eingangsstation des Zion Nationalparks.

Meile 12,0 - Östliche Parkgrenze

Hier verlässt die Straße das Gebiet des Nationalparks. Der innerhalb des Parks rötliche Fahrbahnbelag hat nun wieder die typische graue Farbe.

Wandern im Zion NP
So weit die Füße tragen

Vorsichtsmaßnahmen

Extremes Wetter und rauhes Gelände bedeuten eine Gefahr für jeden Wanderer. Schon das Wandern in einer Gruppe vermindert ein mögliches Risiko enorm. Auch eine gute Vorbereitung hilft, dass ein Wanderausflug erfolgreich beendet werden kann und in guter Erinnerung bleibt. Funktionelles Schuhwerk und entsprechende Bekleidung (Zwiebelprinzip) sind dabei eine wichtige Grundvoraussetzung. Dazu eine Kopfbedeckung als Sonnenschutz und ein bequemer Rucksack für ausreichende Getränke, kleine Snacks und Obst.

Auch das Einholen von Informationen zum Wetter, über den Zustand der Trails und auch über möglich Gefahren, gehört zu einer verantwortungsvollen Vorbereitung. Diesbezüglich sind die Parkranger im Visitor Center die idealen Ansprechpartner.

Immer wieder müssen Wanderer aus Notlagen befreit werden, in die sie aus Erschöpfung und Wasserentzug geraten sind. Die Parkranger empfehlen daher, pro Wanderstunde zwischen einem halben und einem Liter Flüssigkeit zu trinken. Des Weiteren sollte man sich nicht übernehmen, langsam gehen, sein persönliches Tempo finden und auch häufige Pausen einlegen, nicht nur, um dem Körper Erholung zu gönnen, sondern auch, um die Natur

entsprechend zu genießen. Das Motto sollte lauten: Verantwortungsbewusst wandern - mit Rücksicht auf die Umgebung und auf sich selbst.

Gesundheitsrisiken
Erschöpfung

Wanderer können durch extremes Schwitzen pro Stunde bis zu 2 Liter Wasser verlieren.
Symptome: Blässe, Übelkeit, kühle und feuchte Haut, Kopfschmerzen und Krämpfe.
Behandlung: Wasser trinken, Schatten aufsuchen und Körper kühlen, Nahrungsmittel mit hohem Kohlenhydratgehalt essen.

Hitzschlag

Lebensbedrohlicher Notfall, bei dem die Wärmeregulierungsfunktionen des Körpers überlastet werden.
Symptome: Gesichtsröte, trockene Haut, flacher und schneller Puls, hohe Körpertemperatur und im Endstadium Bewusstlosigkeit.
Behandlung: Schatten aufsuchen, Körper kühlen, Hilfe holen (lassen)!

Hyponatriämie

Folge einer niedrigen Natriumkonzentration im Blut, die durch Trinken von zu viel Wasser und Salzverlust durch Schwitzen verursacht wird.
Symptome: Übelkeit, Erbrechen, häufiger Harndrang.
Behandlung: Pause einlegen und salzhaltige Snacks essen. Wenn die geistigen Fähigkeiten abnehmen, sofort Hilfe holen lassen.

Unterkühlung

Lebensbedrohlicher Notfall, bei dem

der Körper sich aufgrund von Erschöpfung und kalter Witterung nicht warmhalten kann.

Symptome: Zittern, geringe Muskelkontrolle, Herzrasen.

Behandlung: Trockene Kleidung, warme Flüssigkeiten trinken, Körper wärmen und vor Wind, Regen und Kälte schützen.

●Zion Canyon
- Leichte Wanderungen

Pa'rus Trail
Roundtrip: 3,5 Meilen / 5,6 km
Dauer: 2 Stunden
Trailhead: Zion Canyon Visitor Center
Der asphaltierte Weg folgt dem Virgin River vom South Campground zur Zion Canyon Junction.

Archeology Trail
Roundtrip: ca. 0,4 Meilen, / 0,6 km
Höhenunterschied: ca. 25 m
Dauer: 30 Minuten
Trailhead: Zion Canyon Visitor Center
Der kurze Spaziergang führt auf einem kurzen, aber steilen Weg zu den Ruinen einiger prähistorischer Gebäude.

Lower Emerald Pool Trail
Roundtrip: 1,2 Meilen / 1,9 km
Dauer: 1 Stunde
Trailhead: Zion Lodge
Ein asphaltierter Weg führt zum unteren Becken der Emerald Pools und zu kleineren Wasserfällen.

The Grotto Trail
Roundtrip: 1 Meile / 1,6 km
Dauer: ca. 30 Minuten
Trailhead: Zion Lodge
Verbindungsweg zwischen der Zion

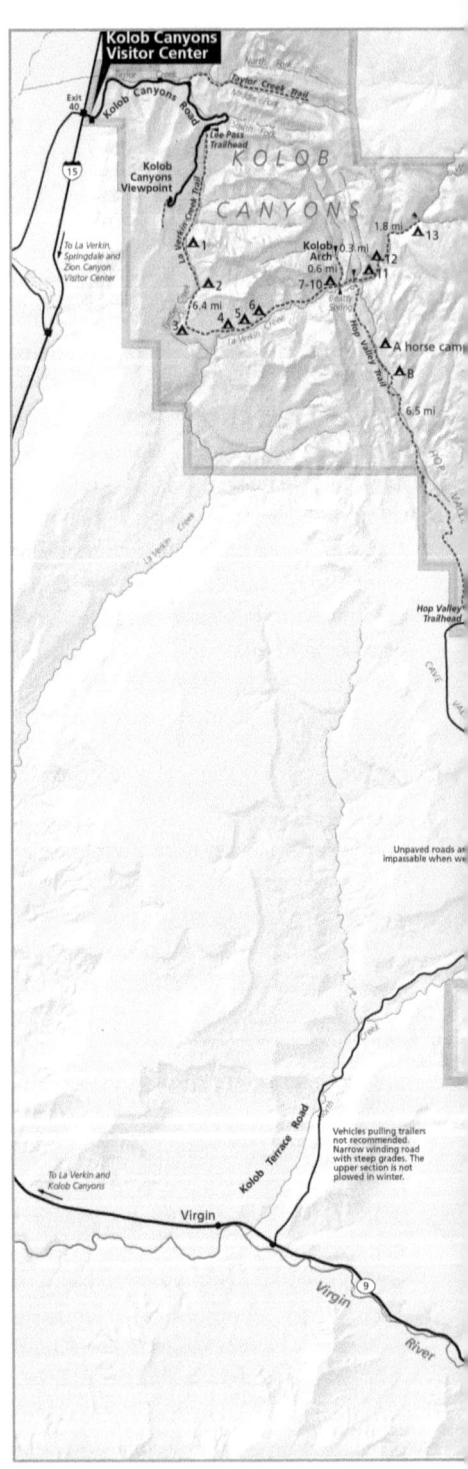

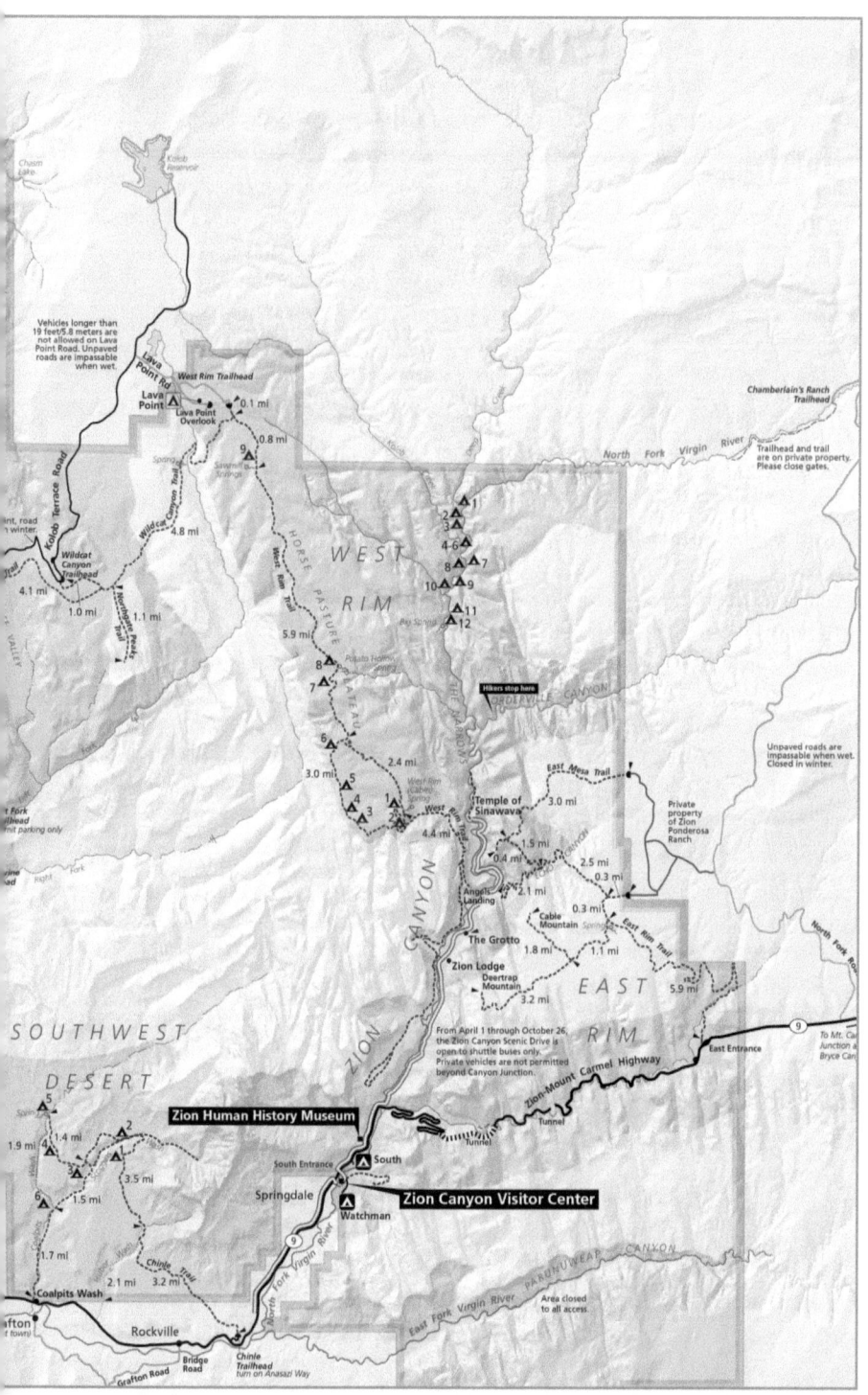

Vehicles longer than 19 feet/5.8 meters are not allowed on Lava Point Road. Unpaved roads are impassable when wet.

Chamberlain's Ranch Trailhead

Trailhead and trail are on private property. Please close gates.

Lava Point Rd.

West Rim Trailhead

Lava Point

0.1 mi

Lava Point Overlook

0.8 mi

North Fork Virgin River

Kolob Terrace Road

Wildcat Canyon Trail

4.8 mi

Wildcat Canyon Trailhead

int. road in winter

4.1 mi

1.0 mi

1.1 mi

WEST RIM

Unpaved roads are impassable when wet. Closed in winter.

5.9 mi

East Mesa Trail

3.0 mi

Private property of Zion Ponderosa Ranch

2.4 mi

3.0 mi

Temple of Sinawava

4.4 mi

1.5 mi

0.4 mi

2.5 mi

0.3 mi

2.1 mi

Angels Landing

0.3 mi

East Rim Trail

North Fork Road

The Grotto

Cable Mountain

1.8 mi

1.1 mi

Zion Lodge

Deertrap Mountain

3.2 mi

EAST RIM

5.9 mi

Hikers stop here

SOUTHWEST DESERT

From April 1 through October 26, the Zion Canyon Scenic Drive is open to shuttle buses only. Private vehicles are not permitted beyond Canyon Junction.

9

To Mt. Carmel Junction & Bryce Can

East Entrance

Zion Human History Museum

1.9 mi

1.4 mi

3.5 mi

1.5 mi

1.7 mi

2.1 mi

3.2 mi

Coalpits Wash

South Entrance

South

Springdale

Watchman

Zion Canyon Visitor Center

Zion-Mount Carmel Highway

Tunnel

Tunnel

9

Chinle Trail

North Fork Virgin River

East Fork Virgin River

PARUNUWEAP CANYON

Area closed to all access.

Rockville

Bridge Road

Chinle Trailhead turn on Anasazi Way

Grafton Road

Lodge und der Bushaltestelle „The Grotto".

Weeping Rock Trail
Roundtrip: 0,4 Meilen / 0,6 km
Dauer: 30 Minuten
Trailhead: Haltestelle Weeping Rock
Der kurze aber steile Weg führt zu einer Felsnische in der von oben Wasser aus einer Quelle herunter tropft. Die anhaltende Feuchtigkeit lässt Moose, Farne und Frühlingsblumen wachsen.

Riverside Walk
Roundtrip: 2,2 Meilen / 3,5 km
Dauer: 1,5 Stunden
Trailhead: Bushaltestelle Temple of Sinawava
Ein asphaltierter Weg folgt dem Virgin River in den engen Canyon (The Narrows) hinein.

●Zion Canyon
- Mittelschwere Trails
Upper Emerald Pool Trail
Roundtrip: 1 Meile / 1,6 km,
Höhenunterschied 60 Meter
Dauer: 1 Stunde
Trailhead: Zion Lodge
Rundweg zum unteren und mittleren Becken der Emerald Pools.

Kayenta Trail
Roundtrip: 2 Meile / 3,2 km
Höhenunterschied: 45 Meter
Dauer: 2 Stunden
Trailhead: The Grotto
Ein Rundweg zum unteren und mittleren Becken der Emerald Pools, jedoch von der Bushaltestelle The Grotto aus.

Watchman Trail
Roundtrip: 2,7 Meilen / 4,3 km
Höhenunterschied: 115 m
Dauer: 2 Stunden
Trailhead: Zion Canyon Visitor Center
Eine schöne unspektakuläre Wanderung auf eine Anhöhe, von der man einen schönen Ausblick auf das Ziontal und den Watchman hat. Die Wanderung bietet sich an, wenn das Tal überfüllt ist und man lange auf die Shuttlebusse warten muss. Wegen der Sonneneinstrahlung ideal am frühen Morgen oder am späten Nachmittag.

Sand Bench Trail
Roundtrip: 7,6 Meilen / 12,2 km,
140 Höhenmeter
Dauer: ca. 5 Stunden
Trailhead: Zion Lodge
Beeindruckende Wanderung unterhalb von „The Sentinel". Problematisch könnte der tiefe Sand und der fehlende Schatten werden. Von März bis Oktober wird der Trail auch als Reitweg genutzt.

●Zion Canyon
- Anspruchsvolle Trails
Angels Landing via West Rim Trail
Roundtrip: 5,4 Meilen / 8,7 km
Höhenunterschied: 450 Meter
Dauer: 4 Stunden
Trailhead: The Grotto
Auf den letzten 800 Meter folgt der Weg einem sehr steilen, schmalen Grad. Ein Stahlseil, an dem man sich hochhangeln kann, soll dem Wanderer helfen, den Viewpoint zu erreichen. Trotzdem kommt es hier immer wieder auch zu tödlichen Abstürzen. Bei Höhenangst ist das letzte Stück nicht zu

empfehlen. Zum Gipfel des Angels Landing führt ein über den Großteil der Strecke gut ausgebauter und gesicherter Wanderweg. Der letzte Grat bis zum Plateau ist jedoch sehr schmal und nur mit einer Kette gesichert. Für Hin- und Rückweg sind insgesamt etwa fünf Stunden einzuplanen. Die ersten drei Kilometer sind asphaltiert. Der größte Teil der Strecke liegt meist unter starker Sonneneinstrahlung. Das fast einen Kilometer lange letzte Teilstück sollte nur von schwindelfreien Personen begangen werden. Bei Regen, Gewitter und heftigem Wind wird vor dem Betreten des Trails gewarnt. Vom Angels Landing Viewpoint aus blickt man fast 500 Meter tief zum Virgin River hinunter, wie er sich um The Organ windet, die schmale rote Felsmauer, die von Angels Landing nach Nordosten zieht. Gegenüber Angels Landing, auf der anderen Seite des Virgin River erheben sich im Südosten der sehr markante Great White Throne, im Osten der Cable Mountain und im Nordosten der Observation Point. Der Rückweg erfolgt über die gleiche Strecke.

Hidden Canyon Trail
Roundtrip: 2,4 Meilen / 3,9 km
Höhenunterschied: 260 Meter
Dauer: 2,5 Stunden
Trailhead: Haltestelle Weeping Rock
Nicht ganz einfacher Trail. Bei Höhenangst nicht zu empfehlen. Der Weg endet am Eingang zu einem sehr engen Seiten Canyon.

Observation Point via East Rim Trail
Roundtrip: 8 Meilen / 12,9 km,
Höhenunterschied: 655 Meter
Dauer: 6 Stunden
Trailhead: Haltestelle Weeping Rock
Der Weg bietet herrliche Ausblicke in den Zion Canyon. Bei Höhenangst nicht zu empfehlen.

Von oben sieht 1.765 Meter hohe Angels Landing Felsen (in der Bildmitte) gar nicht so spektakulär aus.

The Narrows

Roundtrip: bis 16 Meilen / 26 km
Höhenunterschied: 100 Meter
Dauer: Bis zu 12 Stunden
Trailhead: Temple of Sinawava

Eine Wanderung durch die Zion Narrows kann das Highlight des Nationalparkbesuches sein, aber man sollte die Wanderung durch den Virgin River nicht unterschätzen. Einen Großteil der Wanderzeit verbringt man im Wasser: watend, gehend und manchmal auch schwimmend. Es gibt keinen Weg im üblichen Sinne; der Weg ist der Flussbett. Je nach Jahreszeit kann die Strömung stark, das Wasser kalt und die Steine rutschig sein. Eine gute Vorausplanung, die richtige Ausrüstung und eine gute Abschätzung der jeweiligen Lage sind für eine sichere Wanderung unerlässlich. Jeder ist für seine eigene Sicherheit

Abenteuerlich, spektakulär und nass: die Wanderung durch die Narrows.

selbst verantwortlich. Die Narrows sind am sichersten, wenn der Virgin River einen niedrigen Wasserstand aufweist und wenn das Wasser klar und relativ warm ist. Aber die Bedingungen können sich kurzfristig verändern und sind fast unmöglich vorherzusagen. Vor jeder Wanderung in den Narrows sollten die Ranger im Visitor Center befragt werden.

Wanderung ab „Temple of Sinawava"

Es ist die einfachste Möglichkeit die Narrows zu erleben. Von April bis Oktober erreicht man den Ausgangspunkt (Temple of Sinawava) bequem mit dem Shuttle-Bus. Man folgt dem asphaltierten Riverside Walk etwa 1,6 km bis zu

seinem Ende und watet dann flussaufwärts. Nach jeder Flussbiegung erwarten den Wanderer neue, atemberaubende Aussichten. Viele Tageswanderer versuchen den Orderville Canyon, einen Seitenarm ca. 2 Stunden flussaufwärts vom Ende des asphaltierten Weges, zu erreichen. Hier sind die Narrows am eindrucksvollsten. Zurück geht es wieder durch den Virgin River - nun aber flussabwärts. Ein Permit ist für diese Tageswanderung nicht nötig.

Ab Trailhead „Chamberlain Ranch"

Die Narrows auf ganzer Länge zu durchwandern ist äußerst anstrengend. Unter günstigen Bedingungen braucht man für die 26 km (16 Meilen) lange

The Narrows Zeit-/Entfernungs Plan	
Chamberlain's Ranch	0:00 / 0.0 km
Old Cabin	1:00 / 3,7 km
First Narrows	3:30 / 9,8 km
Waterfall	4:15 / 13,4 km
Deep Creek	5:00 / 14,3 km
Kolob Creek	5:45 / 15,8 km
Goose Creek	6:35 / 17,7 km
Big Spring	7:20 / 18,5 km
Orderville Canyon	10:00 / 21,7 km
Riverside Walk	11:50 / 24,3 km
Temple of Sinawava	12:20 / 26,0 km

Route bis zu 12 Stunden und mehr. Selbst für trainierte Wanderer ist das ein langer, strapaziöser Tag. Hinzu kommt die etwa eineinhalbstündige Fahrt vom Zion Canyon bis zum Trailhead bei der Chamberlain Ranch. Hierfür benötigt man entweder zwei Fahrzeuge oder einen kostenpflichtigen Shuttle. Eine Alternative wäre es, in den Narrows zu übernachten. Zu diesem Zweck hat die Nationalpark-Verwaltung zwölf nummerierte Zeltplätze an verschiedenen Punkten entlang der Route eingerichtet. Alle liegen über der Hochwassermarke und sind entsprechend sicher. Nachdem ein Backcountry-Permit für die Narrows ausgestellt wurde, werden Zeltplätze in der Reihenfolge der Anmeldung zugeteilt. Die Camp-Erlaubnis gilt jeweils nur für eine Nacht. Die Permits können nur im Zion Canyon Besucherzentrum am Tag vor der geplanten Wanderung bzw. am Tag der Wanderung bis zu Mittag geholt werden. Die Camping-Kapazität ist beschränkt, es gibt nur zwei Plätze, wo Gruppen mit mehr als sechs Personen untergebracht werden können.

Die Wassertiefen in den Narrows variieren. Unter idealen Bedingungen geht das Wasser des Virgin Rivers dem Wanderer bis etwa in Kniehöhe. Es kann aber auch vorkommen, dass man bis zur Hüfte bzw. bis zur Brust im Wasser steht und man sogar schwimmen muss. Ein Wanderstock hilft dabei, im Wasser und auf den glitschigen Steinen das Gleichgewicht zu halten. Für den Fall, dass man trotzdem ins Wasser fällt, empfiehlt es sich, alle wichtigen und wertvollen Sachen (Kamera, Handy, Papiere usw.) wasserdicht zu verpacken.

●Zion - Mt. Carmel Hwy. - Leichte Wanderungen

Canyon Overlook

Roundtrip: 1 Meile / 1,6 km
Höhenunterschied: 50 Meter
Dauer: ca. eine Stunde
Trailhead: Erster Parkplatz östlich des Tunnels

Der steinige Weg führt vom Parkplatz auf die andere Seite des Highways und dann hinauf in die Berge. Er ist teilweise in die Felsen geschlagen und durch Schutzzäune gesichert. Am Ende öffnet sich ein beeindruckender Ausblick auf den unteren Teil des Zion Canyons.

●Zion - Mt. Carmel Hwy. - Anspruchsvolle Trails

East Rim Trail

One-way: 10,6 Meilen / 17,1 km
Höhenunterschied: 415 Meter
Dauer: ca. 5 bis 9 Stunden
Trailhead: Nach dem Checkerboard Mesa, noch vor der East Entrance Station links auf einer Dirt Road.

Der Trail vom Zion-Mt. Carmel High-way bis zum Weeping Rock ist anstren-gend. Außerdem muss der Rücktrans-port voab organisiert werden. Der Sonnenaufgang hoch oben auf dem Plateau über dem Zion Canyon ist je-doch jede Mühe wert. Neben der Schönheit der Natur wird der Wanderer mit Einsamkeit belohnt, denn die lange Wanderung schreckt viele Parkbesu-cher ab. An der Strecke ist das Zelten erlaubt - mit Ausnahme im Echo Ca-nyon. Der Trail kann von Backpackern auch in mehreren Tagesetappen gegan-gen werden. Dann ist jedoch ein Permit erforderlich. Infos in den Visitor Centern.

Dauer: ca. 4 Stunden
Trailhead: Kolob Canyon Road
Der Weg folgt dem Lauf des Middle Fork des Taylor Creek, vorbei an zwei Siedlerhütten (Larsen und Fife Cabin), bis zum Double Arch Alcove.

Timber Creek Overlook Trail
Rundweg: 1 Meile / 1,6 km
Höhenunterschied: ca. 30 Meter
Dauer: ca. 30 Minuten
Trailhead: Kolob Canyons Road
Immer entlang des Kamms führt der Trail zu einem kleinen Gipfel, von dem man einen tollen Ausblick auf die Kolob Terrace und die Pine Valley Mountains genießen kann.

●Kolob Canyons - Mittelschwere Trails
Taylor Creek Trail
Roundtrip: 5 Meilen / 8 km
Höhenunterschied: ca. 140 Meter

●Kolob Canyons - Anspruchsvolle Trails
Kolob Arch via La Verkin Creek Trail
Roundtrip: 14 Meilen / 22,5 km

Hoch oben in der Felswand „versteckt" sich der mächtige Kolob Arch.

Höhenunterschied: ca. 320 Meter
Dauer: 8 Stunden
Trailhead: Kolob Canyons Road
Der Weg führt entlang dem Timber und dem La Verkin Creek und endet beim Kolob Arch, einem der größten natürlichen Felsbögen weltweit.

●Kolob Terrace - Leichte Wanderungen
Northgate Peaks
Roundtrip: 4,2 Meilen / 6,8 km
Dauer: 2 - 3 Stunden
Trailhead: Kolob Canyon Road / Wildcat Canyon Trailhead
Über einen gut definierten Pfad (alte Gravelroad), durch größtenteils ebenes Gelände und wunderschönen Pinyonkiefer-Waldern, schlängelt sich der Weg vorbei an weißen Sandsteinformationen in der Ferne bis ins Tal am Fuße der Northgate Peaks.

●Kolob Terrace - Anspruchsvolle Trails
The Subway
Roundtrip: 9 Meilen / 15 km
Höhenunterschied: ca. 300 Meter
Dauer: 5 - 9 Stunden
Trailhead: Kolob Canyon Road / Left Fork Trailhead
Benannt nach der Ähnlichkeit mit einem U-Bahntunnel ist die nur knapp 400 Meter lange Felsröhre „Subway" nicht leicht zu erreichen. Aufgrund ihrer Einzigartigkeit ist die Subway ein beliebtes Fotomotiv für Fotografen aus der ganzen Welt. Wie so oft bei beliebten Hotspots ist der Zugang nur noch mit einem Permit erlaubt, das dazu noch nur in begrenzter Anzahl verge-

ben wird (Aktuelle Infos auf der Zion Nationalpark Homepage).

Es gibt zwei Wanderwege zur Subway. Die längere und anstrengende Top-Down Route über Russell Gulch und die hier beschriebene From-the-Bottom Route. Aber auch der vermeintlich einfachere Trail hat es in sich und ist nichts für Anfänger. Vom Parkplatz am Left Fork Trailhead folgt man dem gutausgebauten, meist ebenen Weg für etwa 800 Meter in Richtung Nordosten. Dann sieht man etwas mehr als 100 Höhenmeter unter sich das Bachbett der Left Fork, das je nach Witterung mehr oder weniger Wasser führt. Hat man über den Abhang den Bach erreicht, geht es stromaufwärts weiter. Vorab sollte man sich die Stelle für den Rückweg einprägen, damit man den Weg zurück auch wieder findet. Der Pfad führt immer weiter entlang der oder durch die Left Fork. Zwei etwa 5 Meter hohe Wasserfälle können leicht auf der südlichen Seite umgangen werden. Der Canyon wird enger und macht dann einen scharfen Knick nach rechts (Süden). Das Ziel, The Subway ist erreicht. Viel Spaß beim Fotografieren.

Für die Top-Down Route zur Subway, die am Wildcat Canyon Trailhead startet, sind entsprechende Canyoneering Erfahrung und technisches Equipment (Seile, Klettergurte, evt. Neopren usw.) unbedingt erforderlich. Mehrmals muss durch kaltes Wasser gewatet oder gar geschwommen werden und es gibt verschiedene Stellen, an denen man sich abseilen muss. Es wird empfohlen, beide Routen nur in einer Gruppe zu gehen.

Unfälle im Zion NP
Safety first

Der Zion Nationalpark ist wunderschön, aber leider auch nicht ganz ungefährlich. Man sollte niemals vergessen, dass man sich nicht in einem Freizeitpark, sondern in der Wildnis aufhält.

Immer wieder hört man von Unfällen in den Nationalparks, viel zu oft leider auch mit tödlichem Ausgang. Sieht man dann die Ausrüstung mancher „Wandervögel", wird einem einiges klar. Wer barfuß oder mit offenen Schlappen auf steilen, felsigen Wanderwegen unterwegs ist, darf sich nicht wundern, wenn er eine Zerrung, einen Knochenbruch oder sogar schlimmeres riskiert.

Doch nicht immer liegt es an mangelnder Ausrüstung. So startete am 14. September 2015 eine siebenköpfige Gruppe zu einer Wanderung durch den Keyhole Canyon. Obwohl es erfahrene Wanderer waren und obwohl sie sich vor dem Start über die Wetterverhältnisse informiert hatten, wurden sie im Canyon von einer gewaltigen Flash Flood überrascht, die keiner von ihnen überlebte.

Ein weiterer Unfallschwerpunkt im Park sind die Emerald Pools. Hier ist es der feuchte Untergrund, der Wanderer ausrutschen und stürzen lässt. Und wenn es dann noch steil und tief hinuntergeht, kann ein Sturz auch tragisch enden. Seit 2004 sind an den Emerald Pools immerhin sieben Menschen durch Stürze tödlich verunglückt.

Auch auf dem schmalen letzten Wegstück zu Angels Landing verunfallen immer wieder Menschen. Im Februar 2018 stürzte hier ein erst 13-jähriges Mädchen einige hundert Meter tief in den Tod. Sie war bereits das 8. Absturzopfer seit 2004 an Angels Landing.

Natürlich kann man Unfälle niemals ganz ausschließen, aber mit einer vernünftigen Vorbereitung und auch mit dem entsprechenden Equipment kann man das Restrisiko doch stark minimieren. Wer aber hoch oben auf dem Angels Landing Plateau Frisbee spielt oder meint, auf der Felskante einen Handstand machen zu müssen, dem ist nicht mehr zu helfen....

Flash Flood

Sturzfluten, oft nach Unwettern die unter Umständen meilenweit entfernt stattfinden, können in engen Canyons und Schluchten zu einer lebensbedrohlichen Gefahr werden. Während einer Flash Flood steigt der Wasserstand plötzlich innerhalb kürzester Zeit.
Erste Anzeichen:
- Klares Wasser wird plötzlich trüb
- Steigender Wasserstand
- Stärker werdende Strömung
- Verstärkte Wolkenbildung/Gewitter
Zur eigenen Sicherheit sollte man bei den o.g. Anzeichen einen gefährdeten Canyon schnellstens verlassen bzw. eine höhere Ebene aufsuchen.
Vor dem Betreten von Slot Canyons bei den Rangern unbedingt Wetterinformationen einholen!

Reiten im Zion NP
Auf dem Rücken der Pferde...

Für Pferdefreunde werden von März bis Oktober vom Reitstall an der Zion Lodge geführte Ausritte angeboten. Die einstündige Tour führt an den Ufern des Virgin Rivers entlang bis zum Court of the Patriarchs und dann wieder zurück zum Reitstall.

Aufwendiger ist der dreistündige Horseback Ride, der dem Sand Bench Trail folgt. Der Weg führt bis auf rund 150 Höhenmetern über dem Talboden und bietet spektakuläre Blicke auf den südlichen Zion Canyon. Man blickt auf die mächtigen Gipfel der Three Patriarchs, die Beehives und reitet durch wunderschöne Kakteengärten. Nach einer kurzen Rast geht es zurück zum Ausgangspunkt.

Virgin River Ride
Dauer: 1 Stunde
Mindestalter: 8 Jahre
Höchstgewicht: ca. 100 kg
Start: 9:30, 11:00, 14:00 und 15:30 Uhr
Preis 45 $

Sand Bench Ride
Dauer: 3 Stunden
Mindestalter: 8 Jahre
Höchstgewicht: ca. 100 kg
Start: um 9:00 und um 13:30 Uhr
Preis 90 $

www.canyonrides.com

Ein weiterer Anbieter von Ausritten ist das Zion Ponderosa Ranch Ressort, am östlichen Rand des Nationalparks. Auf dem Programm stehen Rides zum Checkerboard Mesa (1 h), die Pine-Grove (1,5 h) und die Pine Knoll (2 h) Tour. Daneben bietet die Ranch, auf der man auch komfortabel übernachten kann, auch zweistündige Kutschfahrten mit anschließendem Dutch Oven Dinner an. Zahlreiche weitere Aktivitäten wie zum Beispiel Jeep und ATV Touren, Minigolf, Wanderungen und Yoga runden das vielfältige Programm des Ressorts ab.

Horseback Rides
Mehrmals täglich
Mindestgröße: 1,50 m
Höchstgewicht: ca. 100 kg
2 Stunden: 79 $
1,5 Stunden: 69 $
1 Stunde: 49 $

Dutch Oven Dinner
Kutschfahrt und Western- Dinner
Mo, Mi und Fr um 17:30 Uhr
Kinder bis 11 Jahren: 24,95 $
Erwachsene: 39,95 $

Ponyreiten für Kinder
Alter: 2 - 12 Jahre
10 Minuten: 12 $

Zion Ponderosa Ranch Ressort
Twin Knolls Rd
Orderville, UT 84755
Tel.: 435-648-2700
www.zionponderosa.com

Radfahren im Zion NP
Aber sicher

Auch Fahrradfahren ist in der wunderschönen Landschaft des Zion Nationalparks möglich. Der flache und in den Sommermonaten für den privaten Verkehr gesperrte Zion Canyon Scenic Drive bietet sich dafür geradezu an. Auch auf dem Pa'rus Trail darf geradelt werden. Allerdings nur in einer Richtung, vom südlichen Eingang zum Canyon Junction. Der Zion-Mt. Carmel Tunnel ist für Radfahrer grundsätzlich gesperrt.

Wer kein eigenes Fahrrad hat, kann sich im Gift Shop der Zion Lodge eins leihen. Von Mitte März bis Oktober stehen hier die Drahtesel zur Verfügung. Die Fahrräder sind komplett mit der vorgeschriebenen Beleuchtung (vorne und hinten), Bremsen, einer Fahrradklingel und einem Lenkradkorb ausgestattet. Im Mietpreis enthalten sind neben dem Fahrrad ein Helm, eine Sicherheitsweste und ein Fahrradschloss.

Mietpreise für Fahrräder

	Erw.	Kinder
1 Stunde	10 $	7 $
1/2 Tag (4h)	25 $	15 $
1 Tag (8 h)	35 $	25 $

Eine Gebühr von $ 20 zusätzlich wird erhoben, wenn das Fahrrad nicht vor 20:30 Uhr zurückgegeben wird.

Der in den Sommermonaten für den privaten Kfz-Verkehr gesperrte Scenic Drive ist ideal zum gemütlichen radeln.

Camping im Zion Nationalpark

Auf dem Gebiet des Zion Nationalpark gibt es drei Campingplätze für die Besucher. South und Watchman Campgrounds befinden sich im Zion Canyon in der Nähe des Visitor Centers bzw. am südlichen Eingang (Springdale). In diesem Teil des Parks kann es im Sommer sehr heiß werden. Temperaturen von über 35 Grad sind keine Seltenheit. Auf beiden Plätzen gibt es eine Anzahl von schattenspendenden Bäumen, aber es gibt auch Stellplätze, die in der prallen Sonne liegen. Der Virgin River fließt am Rande beider Campgrounds vorbei. Die Stellplätze direkt am Fluss sind sehr beliebt und kosten u.U. eine extra Gebühr.

Da Camping im Nationalpark sehr beliebt und die Anzahl der Stellplätze begrenzt ist, empfiehlt es sich, in der Hauptsaison schon am Vormittag anzureisen bzw. einen Stellplatz bereits im Voraus zu reservieren. Zwischen Mitte März und Ende November sind die Campingplätze fast jede Nacht voll. Reservierungen sind möglich über die Homepage

www.recreation.gov

oder über die Telefonnummer 877-444-6777. Von außerhalb der USA werden Reservierungen über die Rufnummer 518-885-3639 angenommen.

Der kleinere Lava Point Campground liegt etwa eine einstündige Fahrt vom Zion Canyon entfernt an der Kolob Terrace Road. Im Bereich der Kolob Canyons gibt es keine Campingplätze.

Die Bäume auf dem Watchman Campground spenden Schatten und geben dem Campingplatz einen besonderen Charakter.

Überblick Campgrounds	Stell-plätze	Kosten je Nacht
Watchman Campground	183	16 $
- Reservierbar		18 $ m. Strom
		20 $ am Fluß
South Campground	126	16 $
- First come, first serve		
- Gruppenstellplätze South CG	6	3 $ p. Person
Lava Point Campground	6	keine Gebühr
- First come, first serve		

Alle Stellplätze sind für maximal zwei Fahrzeuge oder drei Zelte und sechs Personen zugelassen. Von März bis Mitte November liegt die maximale Verweildauer auf den Campingplätzen des Zion Nationalparks 14 Nächte. Für den Rest des Jahres beträgt das Übernachtungs-Limit 30 Nächte.

Jeder Stellplatz verfügt über einen Picknicktisch und eine Feuerstelle mit Grillrost. Offenes Feuer darf nur in den Feuerstellen, die sich auf den Campingplätzen und auf manchen Rastplätzen befinden, gemacht werden. Das Holz muss mitgebracht oder gekauft werden. Holz sammeln ist nicht erlaubt.

Auf dem Watchman Campground haben einige Stellplätze auch einen Stromanschluss. Hunde sind nur auf den Campingplätzen, auf den Straßen im Park, sowie auf dem Pa'rus Trail und ausschließlich an der Leine (max. 6 Ft.) erlaubt. Ab 22.00 bis 8.00 Uhr morgens herrscht auf den Plätzen Nachtruhe. Check-out ist jeweils um 11:00 Uhr.

Die Komfortstationen der einzelnen Campgrounds bieten Spültoiletten, Trinkwasser und Abfallbehälter, aber keine Duschen oder Steckdosen. Haustiere sind an der Leine (Nicht länger als sechs Fuß) erlaubt. Wandern im Park mit Haustieren ist nur auf den Straßen und dem Pa'rus Trail erlaubt.

Übernachtungen innerhalb des Nationalparks sind nur auf ausgewiesenen Plätzen erlaubt, nicht am Straßenrand und auch nicht auf Parkplätzen.

Springdale grenzt unmittelbar an den Zion Canyon. Hier gibt es kleine Supermärkte, in denen man Lebensmittel, Feuerholz und weitere Kleinigkeiten kaufen kann. Eine begrenzte medizinische Versorgung ist am Ort, es gibt Waschsalons, Tankstellen und Restaurants (siehe an Seite 73). Springdale kann von den beiden großen Campgrounds im Nationalpark mit dem Auto, zu Fuß, mit dem Fahrrad oder von Februar bis Ende November auch mit dem kostenlosen Bus-Shuttle erreicht werden.

Watchman Campground

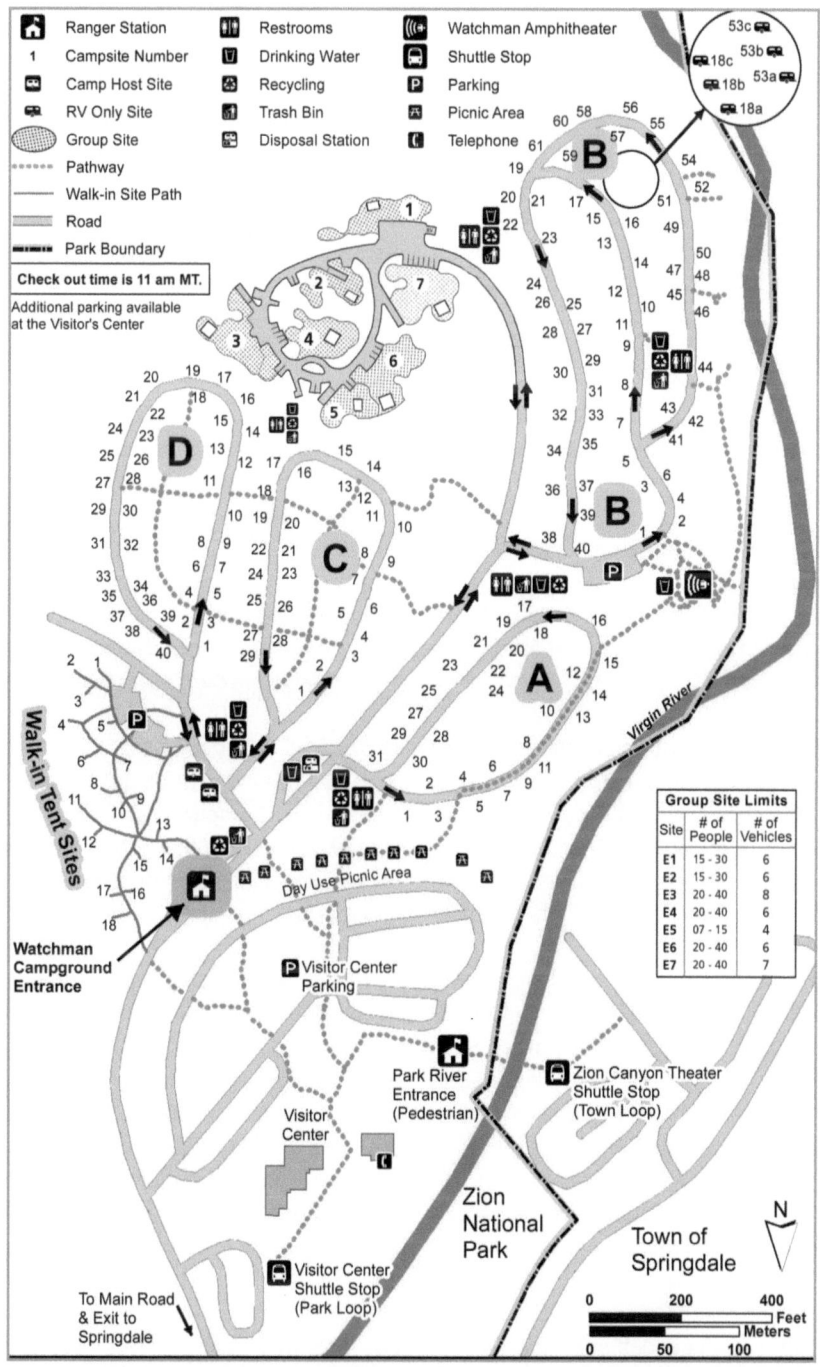

Legend:
- Ranger Station
- 1 Campsite Number
- Camp Host Site
- RV Only Site
- Group Site
- Pathway
- Walk-in Site Path
- Road
- Park Boundary
- Restrooms
- Drinking Water
- Recycling
- Trash Bin
- Disposal Station
- Watchman Amphitheater
- Shuttle Stop
- Parking
- Picnic Area
- Telephone

Check out time is 11 am MT.

Additional parking available at the Visitor's Center

Site	# of People	# of Vehicles
E1	15 - 30	6
E2	15 - 30	6
E3	20 - 40	8
E4	20 - 40	6
E5	07 - 15	4
E6	20 - 40	6
E7	20 - 40	7

Group Site Limits

Virgin River

Walk-in Tent Sites

Day Use Picnic Area

Watchman Campground Entrance

Visitor Center Parking

Park River Entrance (Pedestrian)

Visitor Center

Zion Canyon Theater Shuttle Stop (Town Loop)

Zion National Park

Town of Springdale

Visitor Center Shuttle Stop (Park Loop)

To Main Road & Exit to Springdale

N

0   200   400 Feet
0   50   100 Meters

Campingplätze

• Watchman Campground

GPS: 37°11'52"N, 112°59'11"W

Der Watchman Campground befindet sich innerhalb des Nationalparks direkt am Virgin River, etwa ¼ Meile vom Südeingang und damit vom Ort Springdale entfernt. Die Stellplätze sind normalerweise das ganze Jahr über verfügbar. Die Gruppencampingplätze nach Voranmeldung von März bis Oktober. Von den 176 regulären Stellplätzen sind zwei besonders für Rollstuhlfahrer geeignete. Außerdem gibt es sechs Gruppenstellplätze. Empfehlenswert sind die Stellplätz mit „River acess".

Stromgeneratoren sind auf dem Watchman Campground nicht erlaubt. Es gibt keine Full-Hookup-Stellplätze, jedoch ist eine Dump-Station am Platzeingang vorhanden.

Stellplatze mit Stromanschluss (Loop A und Loop B) kosten 30,- $ je Nacht. In den Loops C, D und F kann bereits für 20,- $ übermachten. Die Loops C und D sind für Fahrzeuge mit einer Gesamtlänge von maximal 19 ft (5,8 m) zugelassen.

Speziell für Radfahrer und Rucksacktouristen wurden 18 Walk-in Zelt Stellplätze eingerichtet. Diese Stellplätze im Eingangsbereich sind nur einen kurzen Fußweg vom Parkplatz entfernt.

Auf den sechs Gruppenstellplätzen sind ausschließlich Zelte erlaubt. Die Gruppencampingplätze sind Zeltplätze. Wohnmobile, Campinganhänger und Pop-up-Camper dürfen auf diesen Plätzen nicht aufgestellt werden. Die Gruppenstellplätze sind für 7 bis 40 Personen zugelassen. Der Platz E1 kostet 130 $ je Nacht und kann 15-30 Personen aufnehmen. Für 15-25 Personen ist E2 ausgelegt. Er kostet 90,00 $ / Nacht. E3 ist mit 20-40 Campern der größte Stellplatz und wird mit 130,00 $ je Nacht berechnet. 50 $ je Nacht kostet der für 7-15 Personen zugelassene E5 Stellplatz und E7 hat Platz für 20-40 Personen und kostet 130,00 $ / Nacht.

Reservierungen

Die Stellplätze auf dem Watchman Campground können bis zu sechs Monate vor der Ankunft online unter www.recreation.gov oder telefonisch unter 877-444-6777 reserviert werden. Frühzeitige Reservierungen werden dringend empfohlen - der Campingplatz ist während der Saison meist jeden Abend komplett ausgebucht.

• South Campground

GPS: 37°12'14"N, 112°59'01"W

Der South Campground liegt eine halbe Meile vom Südeingang entfernt. Es gibt 117 Campingplätze, darunter drei rollstuhlgerechte.

Der Platz ist für Fahrzeuge mit einer maximalen Höhe von 12 Fuß 6 Zoll (3,84 Meter) zugelassen. Es gibt keinerlei Anschlüsse (Hook ups) an den Stellplätzen. Müllcontainer, Frischwasser, eine Dump-Station und Toiletten sind auf dem Gelände vorhanden - aber keine Duschen. Die Nutzung von Generatoren ist von 8:00 Uhr bis 10:00 Uhr und von 18:00 Uhr bis 20:00 Uhr erlaubt. „Check out"-Zeit ist spätestens um 11:00 Uhr.

South Campground

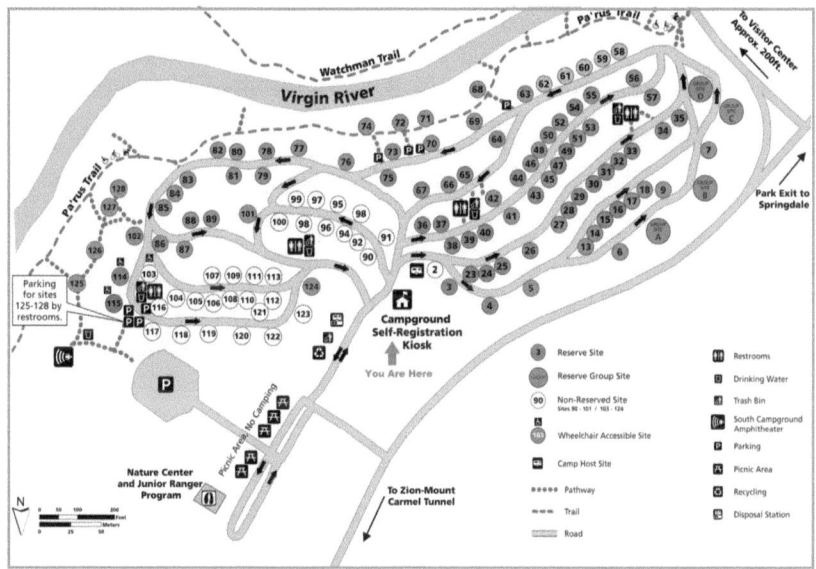

Hängematten sind auf dem Camping-platz nur erlaubt, wenn man sich an die Regeln hält: Sie müssen im Bereich des jeweiligen Stellplatzes aufgebaut und dürfen nur an Bäumen mit mindes-tens 10 Zoll Durchmesser befestigt werden. Außerdem soll das Befesti-gungsseil am Baum ausreichend „ge-polstert" sein. Maximal zwei Hängematten dürfen an einem Baum befestigt sein.

Für die Einzel-Stellplätze werden 20 $ pro Nacht berechnet. Die Gruppen-plätze kosten 50 $. Besitzer eines Inte-ragency Senior / Golden Age oder Interagency Access / Access Pass er-halten 50% Rabatt auf einzelne Cam-pingplätze. Für Gruppen-Stellplätze und Besitzer des NPS Passes (Annual Pass / 80 $ Pass) wird keine Ermäßi-gung gewährt.

Reservierungen

Reservierungen für den South Camp-ground können bis zu zwei Wochen vor der Ankunft online unter www.recrea-tion.gov oder unter der Rufnummer 877-444-6777 vorgenommen werden. Frühzeitige Reservierungen werden dringend empfohlen - der Camping-platz ist während der Saison meist jeden Abend komplett ausgebucht.

● **Lava Point Campground**
GPS: 37°23'02.2"N 113°01'57.6"W
Geöffnet von Mai bis September. Der einfache Campground mit sechs Stell-plätzen, die nach „first come, first serve" vergeben werden, ist über die Kolob Terrace Road, etwa 25 Meilen nördlich der Ortschaft Virgin zu errei-chen. Fahrzeuge mit einer Länge von mehr als 19 ft (5,80 m) sind nicht er-laubt. Kein Wasser am Campground.

Zion NP
von A bis Z

ATM Geldautomaten
In Springdale (siehe Seite 73)

Duschen
In Springdale (siehe Seite 74)

Hotels/Unterkünfte
● **Zion Lodge**
P.O.Box 925
Springdale UT 84767
Tel. 435-772-7700
www.zionlodge.com
Zimmer mit Klimaanlage, 37 Zoll TV, WLAN, Haartrockner, Bügeleisen, Kaffeemaschine.
28 rustikale Cabins mit Bad, Gaskamin, Mikrowelle und Minikühlschrank.

Essen und trinken
● **Red Rock Grill**
in der Zion Lodge
Shuttle Bus Haltestelle #5
Reservierungen: 435-772-7760
Der Red Rock Grill im Hauptgebäude der Zion Lodge offeriert Frühstück, Mittag- und Abendessen. Das Innendekor ist eine gelungene Kombination aus Holz und Stein. Die großen Fenstern gewähren einen schönen Ausblick in den Canyon und auf die umliegenden Felswände. Der Speisesaal bietet Platz für bis zu 155 Gäste.In den Sommermonaten kommen weiter 50 Sitzplätze auf der Open-Air-Terrasse hinzu.
Frühstück: 6:30 Uhr bis 10:30 Uhr

Mittagessen: 11:30 bis 15:00 Uhr
Abendessen: 17:00 bis 22:00 Uhr
(Reservierung erwünscht)
Lounge : 11:30 Uhr bis 22:00 Uhr
● **Castle Dome Cafe**
in der Zion Lodge
Shuttle Bus Haltestelle #5
Eine saisonale Snackbar (Mitte März bis Mitte November) neben der Lodge mit bis zu 100 Sitzplätzen auf der Terrasse. Das Café serviert eine Auswahl an Snacks wie Kaffee, Espresso und Zimtschnecken am Morgen sowie Burger, Hot Dogs und Pommes Frites den ganzen Tag über.

Horseback Riding
● **Reitstall an der Zion Lodge**
Shuttle Bus Haltestelle #5
Tel. 435-679-8665
Von März bis Oktober
www.canyonrides.com
● **Zion Ponderosa Ranch Ressort**
Twin Knolls Rd
Orderville, UT 84755
Tel.: 435-648-2700
www.zionponderosa.com

Ladestation für E-Kfz
● **Zion Canyon Visitor Center**
Dual-Port-J1772-Ladestation Stufe 2
● **Kolob Canyons Visitor Center**
Dual-Port-J1772-Ladestation Stufe 2
Im Buchladen des Zion Canyon Visitor Centers können die Gebühren-Codes für die Ladestationen erworben werden.

Medizinische Versorgung
- in Springdale oder Hurricane (siehe Seite 76)

Museen
- **Zion Human History Museum**
1 Museum Drive
Shuttle Bus Haltestelle #2
Tel. 435-772-0146
zion_museum@nps.gov
Täglich von 09:00 bis 18:00 Uhr

Fahrradvermietung
- **Zion Lodge (Gift Shop)**
Shuttle Bus Haltestelle #5

Visitor Center
- **Zion Canyon Visitor Center**
1101 Zion-Mt. Carmel Road
Tel. 435-772-3265
- **Kolob Canyon Visitor Center**
3752 E. Kolob Canyon Rd.
Tel. 435-586-9548

Trinkwasserfüllstation
- **Visitor Center**
- **Zion Human History Museum**
- **Zion Lodge**
- **The Grotto**
- **Temple of Sinawava**

WLAN (kostenlos)
- **Im Visitor Center**
- **Zion Human History Museum**

Springdale, 84767 von A bis Z
Die knapp 500 Einwohner des 1862 gegründeteten Städtchens leben heute vorwiegend vom Zion Nationalpark und dem damit verbundenen Tourismus. Die gesamte Infrastruktur ist auf die Belange der Touristen ausgerichtet.

Apotheken
- **Hurricane Family Pharmacy**
25 2000 W
Hurricane, UT 84737
Tel. 435-635-8200
- **Walgreens Pharmacy**
1235 W State Street
Hurricane, UT 84737
Tel. 435-635-1071

ATM Geldautomaten
- **Zions Bank**
921 Zion Mount Carmel Hwy.
Springdale UT 84767
- **Zion Giant Screen Theater**
145 Zion Park Blvd.
Springdale UT 84767
- **Sol Foods Supermarket**
995 Zion Park Blvd.
Springdale UT 84767
- **Canyon Tire Center**
962 Zion Park Blvd.
Springdale UT 84767
- **National Link Inc.**
479 Zion Mount Carmel Hwy.
Springdale UT 84767

Auto-Service
● **W.J. Bassett Repair**
32 Steamboat Lane
Springdale UT 84767
Tel. 435-772-3328

Banken
● **Zions Bank**
921 Zion Mount Carmel Hwy.
Springdale UT 84767
Tel. 435-772-3274
www.zionbank.com
● **Wells Fargo Bank**
8 W State Street
Hurricane, UT 84737
Tel. 435-635-1700
● **U.S. Bank**
1060 W State Street
Hurricane, UT 84737
Tel. 435-635-5555

Campingplätze
● **Zion Campground & RV Resort**
479 Zion Park Blvd.
Springdale UT 84767
Tel. 435-772-3237
www.zioncamp.com
200 Stellplätze mit Wasser und Strom-
Anschluss, Toiletten, Duschen, WLAN,
Pool, Coin Laundry
● **Zion River Resort RV Park &
Campground**
551 E. Highway 9
Virgin, UT 84779
Tel. 435-635-8594
zionrv@zrr.com
www.zionriverresort.com
Full Hook-up, Toiletten, Duschen,
WLAN, Pool, Sauna, Coin Laundry, Ca-
bins, Store & Gift Shop.

Duschen
● **Zion Outfitter**
95 Zion Park Blvd.
Springdale UT 84767
Tel. 435-559-1166
www.zionoutfitter.com
● **Zion Mountaineering School**
868 Zion Park Blvd.
Springdale UT 84767
Tel. 435-319-0313

Equipment
Fahrradvermietung
● **Zion Outdoor Center**
868 Zion Park Blvd.
Springdale UT 84767
Tel. 435-772-3237
www.zioncamp.com
● **Biking Zion**
1458 Zion Park Blvd.
Springdale UT 84767
Tel. 435-772-3303
www.bikingzion.com
● **Zion Cycles**
868 Zion Park Blvd.
Springdale UT 84767
Tel. 435-772-0400
www.zioncycles.com

Essen und trinken
● **Bit & Spur**
1212 Zion Park Blvd.
Springdale UT 84767
Tel. 435-772-3498
www.bitandspur.com
Mexican Restaurant & Saloon.
● **Blondie's Diner**
736 Zion Park Blvd.
Springdale UT 84767
Tel. 435-772-0595
Breakfast, Lunch und Dinner.

- **Cafe Soleil**
205 Zion Park Blvd.
Springdale UT 84767
Tel. 435-772-0505
www.cafesoleilzionpark.com
- **Deep Creek Coffee Company**
932 Zion Park Blvd.
Springdale UT 84767
Tel. 435-767-0272
www.deepcreekcoffee.com
- **Jack's Sports Grill**
1149 Zion Park Blvd.
Springdale UT 84767
Tel. 435-772-3700
Der Name ist Programm.
Täglich von 12:00 bis 22:00 Uhr.
- **MeMe's Cafe**
975 Zion Park Blvd.
Springdale UT 84767
Tel. 435-772-0114
www.memescafezion.com
Breakfast, Lunch, Dinner und Kaffee.
Home-style cooking!
Täglich von 12:00 bis 22:00 Uhr.
- **Park House Cafe**
1880 Zion Park Blvd.
Springdale UT 84767
Tel. 435-772-0100
www.memescafezion.com
Where the locals eat.
- **Subway**
180 Zion Park Blvd.
Springdale UT 84767
Der schnelle Imbiss 200m vom Park
South Entrance.
- **Switchback Grille**
897 Zion Park Blvd.
Springdale UT 84767
Tel. 435-772-3700
www.switchbackgrille.com
Prime Steak & Fresh Seafood

- **Wildcat Willies Grille & Saloon**
897 Zion Park Blvd.
Springdale UT 84767
Tel. 435-772-0115
Breakfast, Lunch und Dinner in uriger
Atmosphäre.
- **Zion Canyon Brew Pub**
95 Zion Park Blvd.
Springdale UT 84767
Tel. 435-772-0336
Lokales Bier und Pubfood.
- **Zion Pizza & Noodle Company**
868 Zion Park Blvd.
Springdale UT 84767
Tel. 435-772-3815
www.zionpizzanoodle.com
Seit 20 Jahren Pizza, Pasta, Calzone
und Salat.

Hotels/Motels
- **Bumbleberry Inn**
897 Zion Park Blvd.
Springdale UT 84767
Tel. 435-772-3224
www.bumbleberry.com
48 Zimmer mit bester Aussicht, Pool,
Hot Tub, Münzwaschmaschinen
- **Pioneer Lodge**
838 Zion Park Blvd.
Springdale UT 84767
Tel. 435-559-3233
www.pioneerlodge.com
- **Cable Mountain Lodge**
147 Zion Park Blvd.
Springdale UT 84767
Tel. 435-772-3366
info@cablemountainlodge.com
www.cablemountainlodge.com
Pool, Jacuzzi, WLAN.
- **Desert Pearl Inn**
707 Zion Park Blvd.
Springdale UT 84767

Tel. 435-772-8888
info@desertpearl.com
www.desertpearl.com
Großer Pool, Hot Tubi, WLAN
● **Hampton Inn & Suites**
1127 Zion Park Blvd.
Springdale UT 84767
Tel. 435-627-9191
zionshamptoninn@gmail.com
www.zionnationalpark.hampto-ninn.com
HD-TV, Pool, Fitness Center, WLAN,
Free Hot Breakfast.
● **Holiday Inn Express**
1215 Zion Park Boulevard
Springdale UT 84767
Tel. 435-772-3200
Pool, Fitness Center, WLAN, kosten-
loses Frühstück.
● **La Quinta Inn & Suites**
792 Zion Park Boulevard
Springdale UT 84767
Tel. 435-627-6280
132 Zimmer, Pool, Jacuzzi, WLAN,
kostenloses Frühstück.
● **Quality Inn & Suites**
479 Zion Park Boulevard
Springdale UT 84767
Tel. 435-772-3237
42 Zimmer, Pool & Spa, WLAN, kos-
tenloses Frühstück mit frischen Eiern.
● **Zion Park Motel**
865 Zion Park Blvd.
Springdale UT 84767
Tel. 435-772-3251
www.zionparkmotel.com

Lebensmittel
● **Sol Foods Supermarket**
995 Zion Park Blvd.
Springdale, UT 84767
Tel. 435-772-3100
solfoods@msn.com
www.solfoods.com
● **Happy Camper Market**
95 Zion Park Blvd.
Springdale, UT 84767
Tel. 435-772-7805
www.happycamperzion.com
Geöffnet von 7:00 - 23:00 Uhr
im Winter von 8:00 bis 20:00 Uhr

Medizinische Versorgung
● **Zion Canyon Medical Clinic**
120 Lion Blvd. (neben d. Town Office)
Springdale, UT 84767
Tel. 435-772-3226
zionclinic@infowest.com
www.zioncanyonclinic.com
Di. bis Sa. von 9:00 bis 17:00 Uhr
● **Coral Canyon Chiropractic**
83 S 2600 W, #102
Hurricane, UT 84767
Tel. 435-258-9468
www.www.coralchiro.com
Mo. bis Fr. von 9:00 bis 12:00 Uhr und
von 13:30 bis 16:30 Uhr.

Outfitters & Guide Service
● **Zion Adventure Company**
36 Lion Blvd.
Springdale, UT 84767
Tel. 435-772-1001
info@zionadventures.com
www.zionadventures.com
Guided Canyoneering, Climbing, Bi-

king und Jeep Tours. River Tubing.
Trailhead Shuttle Service
● **Zion Guru**
792 Zion Park Blvd.
Springdale, UT 84767
Tel. 435-632-0432
www.zionguru.com
Outfitter Boutique, Guide Service und
Workshops.
● **Zion Mountain School**
868 Zion Park Blvd.
Springdale, UT 84767
Tel. 435-319-0313
www.zionmountainschool.com
Guided Trips: Rock Climbing, Canyo-
neering, Ice Climbing, Backcountry
Skiing, and Mtn. Biking.
● **Zion Outdoor**
868 Zion Park Blvd.
Springdale, UT 84767
Tel. 435-772-0630
www.zionoutdoor.com
Ausrüster für Hikers, Climbers & Cam-
pers.
● **Zion Outfitter**
95 Zion Park Blvd.
Springdale, UT 84767
Tel. 435-772-5090
www.zionoutfitter.com
Narrows Outfitting, Biking, Tubing, Can-
yoneering und geführte Wanderun-
gen.

Post
● **US Postal Service**
625 Zion Park Blvd.
Springdale, UT 84767
Tel. 435-772-3950
Fax 209-966-3278
Montag bis Freitag von 7:30 bis 13:00
und 13:30 bis 15:00 Uhr.
Samstag von 10:00 bis 13:00 Uhr.

Reifen
● **Canyon Tire Center**
962 Zion Park Boulevard
Springdale, UT 84767
Tel. 435-772-3963

Tankstellen
● **Chevron Springdale**
1593 Zion – Mount Carmel Hwy.
Springdale, UT 84767
Tel. 435-772-3677
● **Shell**
962 Zion Park Boulevard
Springdale, UT 84767
Tel. 435-772-3963
ATM, WIFI

Visitor Center
● **Springdale Visitor Center**
1101 Zion-Mt. Carmel Highway
Springdale, UT 84767
Tel. 435-429-1555
bryan@zionnationalpark.com
www.visitspringdale.com

Waschsalons
● **Zion Park Laundry**
849 Zion – Mount Carmel Hwy.
Springdale, UT 84767
Täglich von 7:00 bis 22:00 Uhr
● **Zion Outfitter**
95 Zion Park Blvd.
Springdale UT 84767
Tel. 435-559-1166
www.zionoutfitter.com

Kanab, 84741 von A bis Z

Zentral zwischen den Nationalparks Grand Canyon (North Rim), Zion und Bryce Canyon gelegen, bietet der 1864 gegründete Ort mit heute rund 4.100 Einwohnern Einkaufs- und Versorgungsmöglichkeiten aller Art.

Apotheken.

● **Kanab United Drug**
176 W Center Street
Kanab, UT 84741
Tel. 435-644-2418

● **Zion Pharmacy**
14 E Center Street
Kanab, UT 84741
Tel. 435-644-2693

ATM Geldautomaten

● **Walker's Inc.**
301 E Fairway Dr.
Kanab UT 84741

● **State Bank of Southern Utah**
98 W Center Street
Kanab UT 84741

● **Glazier's Market**
Kanab, UT 84741
Junction Hwy 89 & 89A

Auto-Service

● **Little's Diesel Servic**
1600 S Highway 89A
Kanab, UT 84741
Tel. 435-644-8785
www.littleskanab.com

● **Ramsay Towing & Service Center**
Kanab, UT 84741
115 S 100 E
Tel. 435-644-8070

● **Bowman's Diesel Service**
115 S 100 E
Kanab, UT 84741
Tel. 435-644-5780
www.bowmansdiesel.com

Auto Vermietung

● **Xpress Rent-a-car**
1530 US 89
Kanab, UT 84741
Tel. 435-644-3408
www.xpressrentalofkanab.com

Campingplätze

● **Kanab RV Corral**
483 S 100 E
Kanab, UT 84741
Tel. 435-644-5330
Zentral gelegen, 42 Full Hook-up Stellplätze, saubere Waschräume und Pool, Wifi.
www.kanabrccorral.com

● **Hitch-N-Post RV Park**
196 E 300 S
Kanab, UT 84741
Tel. 435-644-2142
Full Hook-up Stellplätze bis 50ft. Toiletten, Duschen, Wifi.
www.hitchnpostrvpark.com

● **Crazy Horse RV Park**
625 E 300 S
Kanab, UT 84741
Tel. 435-644-2782
74 Full Hook-up und Zelt-Stellplätze, Waschräume, Pool, Wifi
www.crazyhorsecamppark.com

Essen und trinken

- **Escobars Mexican Restaurant**
373 E. 300 S.
Kanab, UT 84741
Tel. 435-644-3739
Mexican Restaurant
- **The Fusion House**
18 E Center Street
Kanab, UT 84741
Tel. 435-644-8868
Japanische und chinesische Küche
- **Houston's Trails End Restaurant**
32 East Center Street
Kanab, UT 84741
Tel. 435-644-2488
Wesern Family Style Steakhouse
- **Iron Horse Restaurant und Saloon**
78 E Center Street
Kanab, UT 84741
Tel. 435-644-2277
BBQ und Live Musik
www.ironhorsekanab.com
- **Jack's Chaparral**
86 S. 200 W
Kanab, UT 84741
Tel. 435-644-5464
BBQ Dinner Buffet. Live Entertainment
- **Jakey Leigh's**
4 E. Center Street
Kanab, UT 84741
Tel. 435-644-8191
Frühstücksbäckerei
- **Junction Drive-Inn**
6676 E Highway 89
Kanab, UT 84741
Tel. 435-644-8170
Fastfood
- **Kanab Creek Bakery**
238 W Center Street
Kanab, UT 84741
Tel. 435-644-5689

- **Lotsa Motsa Pizza**
164 E 300 S
Kanab, UT 84741
Tel. 435-644-3388
Mo bis Sa von 10:00 bis 21:00 Uhr
- **Nedra's Too**
310 S 100 E
Kanab, UT 84741
Tel. 435-644-2030
Mexikanische und amerikanische Küche. Mittwochs geschlossen.
- **Peekaboo Canyon Wood Fired Kitchen**
233 W. Center Street
Kanab, UT 84741
Tel. 435-689-1959
Pizza und int. Küche.
- **Pizza Hut**
421 S. 100 E.
Kanab, UT 84741
Tel. 435-644-2513
Pizza
- **Sego**
190 N. 300 W.
Kanab, UT 84741
Tel. 435-644-5680
New American Cuisine.
- **Subway**
295 E. 300 S.
Kanab, UT 84741
Tel. 435-644-8800
- **Wendy's**
301 S Fairway Drive.
Kanab, UT 84741
Tel. 435-644-3707
Fast Food, Chili.
- **Wild Thyme Cafe**
198 S. 100 E.
Kanab, UT 84741
Tel. 435-644-2848
Südwest und Cajun Küche.

Flugplatz
- **Kanab Municipal Airport**
2378 S Highway 89 A
Kanab, UT 84741
Tel. 435-644-2299
www.kanab.utah.gov/2151/Airport

Guides & Outfitters
- **Dreamland Safari Tours**
4350 E Mountain View Dr
Kanab, UT 84741
Tel. 435-644-5506
www.dreamlandtours.net
- **Kanab Tour Company**
176 S 100 E
Kanab, UT 84741
Tel. 435-644-5525
www.kanabtourcompany.com

Hotels/Motels
- **Canyons Boutique Hotel**
190 N. 300 W.
Kanab UT 84741
Tel. 435-644-8660
28 Zimmer, WLAN, TV, Frühstück
- **Canyons Lodge**
236 N. 300 W.
Kanab UT 84741
Tel. 435-644-3069
- **Comfort Suites**
150 W. Center
Kanab UT 84741
Tel. 435-644-8200
- **Days Inn & Suites**
296 N. 100 W.
Kanab UT 84741
Tel. 435-644-2562
- **Hampton Inn**
98 S. 100 E.
Kanab UT 84741
Tel. 435-644-8282

- **Holiday Inn Express & Suites**
217 S. 100 E.
Kanab UT 84741
Tel. 435-644-3100
- **Perry Lodge**
89 E Center Street
Kanab UT 84741
Tel. 888-289-1722
- **Quail Park Lodge**
125 N. 300 W.
Kanab UT 84741
Tel. 435-215-1447
- **Quality Inn**
815 E. Highway 89
Kanab UT 84741
Tel. 435-644-8888
- **Red Rock Country Inn**
330 S. 100 E.
Kanab UT 84741
Tel. 435-644-8774
- **Rodeway Inn**
70 S. 200 W.
Kanab UT 84741
Tel. 435-644-5500
39 Zimmer, Pool und Jacuzzi
- **Sun-n-Sand Motel**
347 S. 100 E.
Kanab UT 84741
Tel. 435-654-1868
- **Traveler's Motel**
544 E. 300 S.
Kanab UT 84741
Tel. 435-644-228
- **Travellodge**
386 E. 300 S.
Kanab UT 84741
Tel. 435-644-5373

Lebensmittel
● **Glazier's Market**
Junction Hwy 89 & 89A
Kanab, UT 84741
Tel. 435-644-5029
www.glaziersmarket.com
● **Honey's Marketplace**
260 E 300 S
Kanab, UT 84741
Tel. 435-644-5877
www.honeysmarketplace.com

Medizinische Versorgung
● **Kane County Hospital**
355 N. Main Street
Kanab, UT 84741
Tel. 435-644-5811
Mo - Fr von 08:00 bis 17:00 Uhr
www.kchosp.net
● **Kanab Family Medicine**
355 N. Main Street
Kanab, UT 84741
Tel. 435-644-4100
Mo - Fr von 08:00 bis 17:00 Uhr

Post
● **US Post Office**
39 S Main Street
Kanab, UT 84741
Tel. 435-644-2760

Tankstellen
● **Chevron**
288 S 100 Est
Kanab, UT 84741
Tel. 435-644-5292

● **Phillips 66**
301 S Fairway Drive
Kanab, UT 84741
Tel. 435-644-3488
● **Sinclair**
212 W Center Street
Kanab, UT 84741
Tel. 435-689-1144
● **Texaco**
1055 S Hwy. 89A
Kanab, UT 84741
Tel. 435-644-5526

Visitor Center
● **Grand Canyon Trust Visitor Center**
745 E Highway 89
Kanab, UT 84741
Tel. 435-644-1300
Geöffnet von 08:00 bis 16:30 Uhr
● **Kanab Visitor Information Center**
78 South 100 East
Kanab, UT 84741
Tel. 435-644-5033
Mo bis Fr von 08:00 bis 19:00 Uhr
Sa & So von 08:00 bis 17:00 Uhr

NP Vokabeln

4WD	Allradantrieb
AAA	US Automobilclub
accommodations	Unterkunft
alcove	Überhang
arch	Steinbogen
admission	Eintritt
backpacking	Rucksackwandern
badlands	Einöde
bald eagle	Weißkopf Seeadler
beam	Lichtstrahl (Canyon)
beaver	Biber
bison	Büffel
black bear	Schwarzbär
black water	Fäkalien
boardwalk	Brettersteg
booster cable	Starthilfekabel
bulletin board	Info Aushang
bullfrog	Ochsenfrosch
burro	Wildesel
butte	Tafelberg
cabin	Hütte
california gull	Silbermöve
campfire	Lagerfeuer
campground	Campingplatz
campsite	Standplatz
canyon	Schlucht, Tal
caprock	Felsnadel
cash	Barzahlung
chipmunk	Streifenhörnchen
clearance	Durchfahrthöhe
cliff	Klippe
coin operated	Münzbetrieb
cookout	Essen im Freien
cougar	Puma
corral	Pferdekoppel
coyote	Präriewolf
creek	kleiner Bach
dawn	Dämmerung
deposit	Anzahlung, Kaution
desert	Wüste
dirt road	ungeteerte Straße
drivers License	Führerschein
duck	Ente
dumping station	RV-Entsorgungsstelle
eagle	Adler
elk	Rothirsch
entrance	Eingang
equipment	Ausrüstung
exhibition	Ausstellung
fault	Graben
fee	Gebühr
firepit	Feuerstelle
firewood	Brennholz
fishing license	Angelschein
first aid kit	Erste Hilfe Kasten
flash light	Taschenlampe
flash flood	Überschwemmung
flush toilet	WC
fresh water	Frischwasser
frog	Frosch
gas station	Tankstelle
general store	Laden
golden eagle	Steinadler
gorge	Schlucht
gravel road	Schotterpiste
greyfox	Silberfuchs
grizzly	Braunbär
guided walk	Führung
gulch	Schlucht
handrail	Geländer
high clearance	hohe Bodenfreiheit
hike	Wanderung
hill	Hügel
hollow	Schlucht
hoodoo	Felsnadel
hookups	Anschlüsse für RV
horseback riding	reiten
lake	See
laundromat	Waschmaschine
laundry	Wäscherei
lighter	Feuerzeug
lizard	Eidechse
lodge	Unterkunftsgebäude
log cabin	Blockhaus
mailbox	Briefkasten
mammals	Säugetiere
marmot	Murmeltier

matches	Streichhölzer	RV	Wohnmobil
map	Landkarte		
marten	Marder	saddle trip	Reitausflug
meadow	Wiese	scenic view	Aussichtspunkt
medical service	Medizin. Versorgung	self guiding trial	Weg m. Schautafeln
mesa	Tafelberg	sequoia	Mammutbaum
moose	Elch	shelter	Schutzhütte
mountain	Berg	showers	Duschen
movie	Film	skunk	Stinktier
mule	Maultier	sleeping bag	Schlafsack
mule ride	Maultierritt	slickrock	glatter Sandstein
Muskrat	Bisamratte	slide programm	Diavortrag
		slot canyon	enge Schlucht
narrows	enge Schlucht	sparrow	Spatz
nature trail	Lehrpfad	spruce	Fichte
natural bridge	nat. Felsbrücke	squirrel	Eichhörnchen
noon	Mittag	stable	Reitstall
NPS	National Park Service	stagecoach	Postkutsche
		steep	steil
oak	Eiche	summit	Gipfel, Passhöhe
offroad	abseits der Straße	sunrise	Sonnenaufgang
osprey	Fischadler	sunset	Sonnenuntergang
owl	Eule	supplies	Vorräte
		SUV	Freizeit/Allrad-Kfz
park entrance	Parkeingang	swallow	Schwalbe
paved road	Asphaltstraße	swift	Mauersegler
peak	Gipfel		
permit	Eraubnis	tent	Zelt
petroglyph	Felszeichnung	titmouse	Meise
pictograph	Felsmalerei	towhee	Fink
pillar	Steinsäule	track	Spur
pine	Kiefer	trail guide	Wanderführer
pinnacles	Säulen	trailhead	Startpunkt
pinyon jay	Blauhäher		
porcupine	Stachelschwein	valley	Tal
pronghorns	Antilopenart	viewpoint	Aussichtspunkt
propane	Campinggas	visitor center	Besucherzentrum
prarie dog	Erdhörnchenart	voucher	Gutschein
raccoon	Waschbär	waiting list	Warteliste
rapids	Stromschnellen	walk	Spaziergang
rattlesnake	Klapperschlange	wash	trockenes Flußbett
raven	Rabe	waypoint	GPS Wegpunkt
riding stable	Reitstall	weather	Wetter
red squirrel	Rothörnchen	weasel	Wiesel
restroom	Toilette	wood	Wald, Holz
rim	(Canyon)-Kante	wren	Zaunkönig
river	Fluß		
rock hound	Mineraliensammler		
ruin	Ruine		

US Nationalpark Guides

Capitol Reef Nationalpark ISBN 978-3-74316-028-6

Grand Canyon Nationalpark ISBN 978-3-74600-608-6

Yellowstone Nationalpark ISBN 978-3-74317-277-7

Yosemite Nationalpark ISBN 978-3-74812-947-9

Zion Nationalpark ISBN 978-3-74815-939-1

Joshua Tree Nationalpark in Vorbereitung

Petrified Forest Nationalpark in Vorbereitung

Arches Nationalpark in Vorbereitung

Bryce Canyon Nationalpark in Vorbereitung

Canyonlands Nationalpark in Vorbereitung

Death Valley Nationalpark in Vorbereitung

Alaskas Nationalparks in Vorbereitung
(Denali NP, Wrangell - St. Elias NP, Katmai NP, Kenai Fjords NP, Glacier Bay NP, Kobuk Valley NP, Lake Clark NP und Gates of the Artic NP)

Floridas Nationalparks in Vorbereitung
(Everglades NP, Dry Tortugas NP und Biscayne NP)

Erhältlich in allen gut sortierten Buchhandlungen sowie im Onlineversand bei www.amazon.de, www.buch.de u.v.a.m.

Info:
www.nationalpark-guide.de